U0923588

图1　父母和孩子一起欢度童年时光

图2　从小培养孩子的责任心

图3　从小培养孩子担当的精神

图4　从小培养孩子知恩图报

图5　要成才就不要怕吃苦

图6　爱孩子会使孩子有爱心

让勤奋

促使孩子责任心提升

总主编：周文彪

# 勤奋与责任

Diligence and Responsibility

主　编：周志平　秦承敏

中国纺织出版社有限公司

# 内 容 提 要

本系列丛书共分为《教育与创新》《规矩与成长》《品德与分数》《知识与财富》等10个分册。每章节的论述都以著名教育家陶行知先生经典小故事为引导，分别提出论点、论据，彰显了教育家言行一致的风格。每章结尾处又以陶行知本人的行为规范为楷模，不仅能使读者读懂理论，还能感染父母体会“学为人师，行为世范”的家教风格，进一步揭示了“父母的行为要成为孩子的楷模”这一育子理论，加深了读者的深度思考和理解。

**图书在版编目（CIP）数据**

陶行知生活教育系列丛书. 勤奋与责任 / 周文彪总主编；周志平，秦承敏主编. -- 北京：中国纺织出版社有限公司，2021.12

ISBN 978-7-5180-9215-4

Ⅰ. ①陶… Ⅱ. ①周… ②周… ③秦… Ⅲ. ①生活教育—儿童教育—家庭教育 Ⅳ. ①G78

中国版本图书馆CIP数据核字（2021）第263001号

策划编辑：闫　星　　责任编辑：刘桐妍　　特约编辑：符　芬
责任校对：高　涵　　责任印制：储志伟

中国纺织出版社有限公司出版发行

地址：北京市朝阳区百子湾东里A407号楼　邮政编码：100124

销售电话：010—67004422　传真：010—87155801

http://www.c-textilep.com

中国纺织出版社天猫旗舰店

官方微博 http://weibo.com/2119887771

三河市延风印装有限公司印刷　各地新华书店经销

2021年12月第1版第1次印刷

开本：880×1230　1/32　印张：63.75

字数：1040千字　定价：398.00元（全10册）

凡购本书，如有缺页、倒页、脱页，由本社图书营销中心调换

•行为养成
•职业感知
•兴趣爱好
兴趣培养
•学习能力
•兴趣特长
•职业认知
行为习惯
•职业规划
•科普知识
•职业体验
社交知识
•人文地理
•礼貌礼仪
•职业习惯
职业发展
学做真人
生存能力
理财能力
分析能力
组织能力
演讲能力
表达能力
管理能力
专业能力
设计能力
创新能力
创造能力
影响力
激励力
组织与授权
监控与检查
灵活应用
个人体验
生活经验
领导经验
管理经验
跨学科知识
产业中的教育感悟
专业导向产业延伸
获取
· 知识
· 技能
· 收入
储存
职业体验
· 标准化
· 流程化
· 科研化
· 智能化
应用
培养企业拿来即用的
人
· 个人形象
· 维护与辩护能力
· 冲突管理
· 团队工作能力
· 客户导向意识
基础教育
· 自我定位
· 智能管理
· 科技创新
· 知识传播
勤奋与责任
· 角色管理
· 时间管理
· 沟通管理
· 目标管理
· 激励管理
· 绩效管理
· 技能教练
企业体验
产教融合
院校教学
岗位体验
职业体验
智商：
认识客观事物，运用知识解决实际问题的能力，掌握处理业务工作所需的技术和工具
情商：
具备处理自己与他人关系的能力
智能养身
运动场
游泳池
健身馆
药膳堂
养生馆
MR体验
职业感知
职业认知
科学实验
技术革新
数学应用
艺术熏陶
创新思维
创新创业
品德修炼
心理调节
情操感悟
教育中的产业渗透
教人求真
社区教育
· 教育与创新
· 规矩与成长
· 品德与分数
· 知识与财富
· 行为与性格
· 尊重与情商
· 勤奋与责任
· 生存与发展
· 音乐与人生
· 表扬与批评
· 专业与职业
· 健康与人生
· 安全与生产
通过产教融合，归纳演绎出：团队竞争力和创新、创造力
形成寓教于乐的教育特色：产教融合、协同育人
“三识” 学识 见识 胆识
显性知识：理论、通用（知道）
隐性知识：经验、教训（会用）

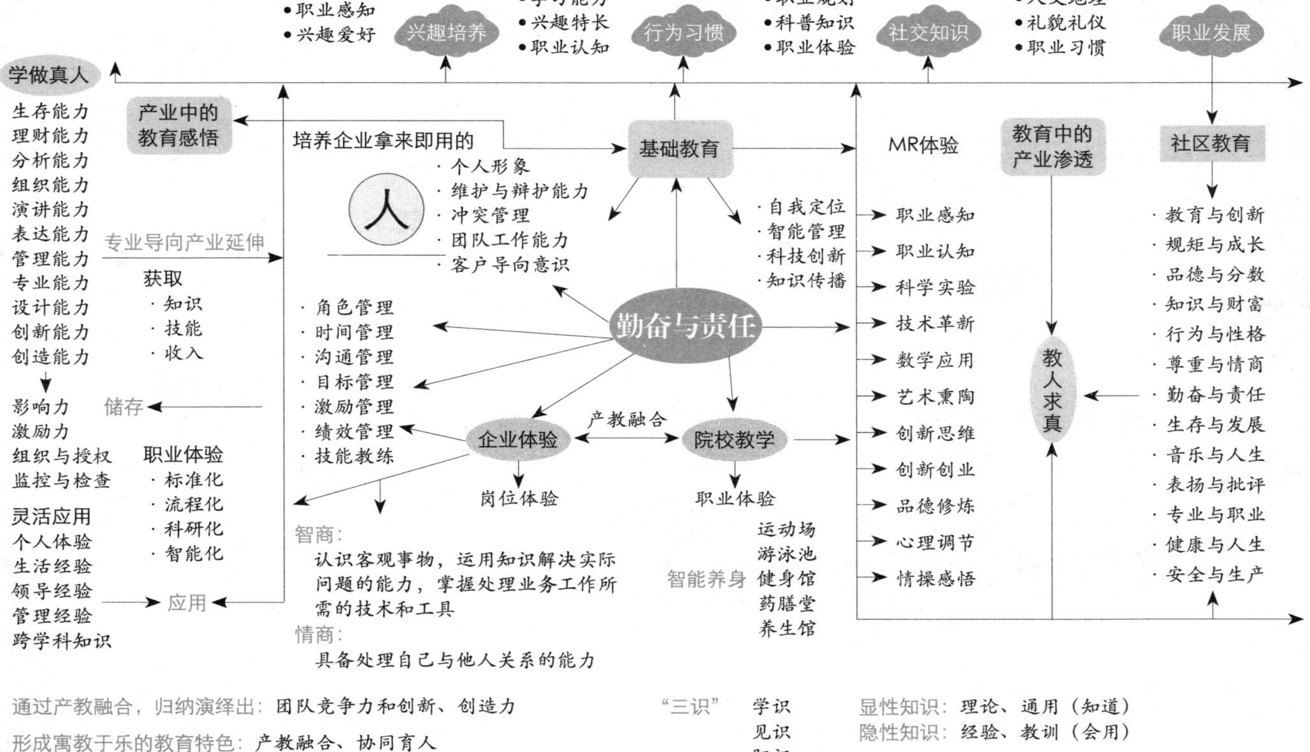

《勤奋与责任》框架结构图

TAO XING ZHI SHENG HUO

《陶行知生活教育系列丛书》


## 编委会

顾　问　赵忠心　吕德雄　胡　丹　呼中陶
　　　　俞启定　LI-RONG CHENG

主　任　赵忠心

副主任　吕德雄

总策划　呼中陶

总主编　周文彪

委　员　赵忠心　吕德雄　呼中陶　胡　丹　周文彪
　　　　陈京平　米洪海　郭洪飞　张　炜　赵　明
　　　　王　跃　刘义光　沈文发　彭望琭　倪玉华
　　　　周　蔷　陈广城　周　荦　张平原　胡庭山
　　　　石　敏　王维荣　郭湘如　苏兰君　史　馨
　　　　于彦君　侯　健　高文臣　杨　晟　辛　诚
　　　　李嘉玉　罗碧华　秦承敏　黎　邓　张一帆
　　　　李伟民　周志平　何　薇　孟庆玲　杨秀丽
　　　　蒋　菡　刘馨阳　刘建清　陈　铮　任亚平
　　　　马　莉　周玉娉　何　涛　李晓桃　张美英

JIAO YU XI LIE CONG SHU

## 各分册主编

| | | | |
|---|---|---|---|
| 第一分册 | 《教育与创新》 | 主编 | 郭洪飞　　赵　明 |
| 第二分册 | 《规矩与成长》 | 主编 | 罗碧华　　杨秀丽 |
| 第三分册 | 《品德与分数》 | 主编 | 周文彪　　张平原 |
| 第四分册 | 《知识与财富》 | 主编 | 刘建清　　周　荦 |
| 第五分册 | 《行为与性格》 | 主编 | 刘馨阳　　郭洪飞 |
| 第六分册 | 《尊重与情商》 | 主编 | 周　蔷　　李嘉玉 |
| 第七分册 | 《勤奋与责任》 | 主编 | 周志平　　秦承敏 |
| 第八分册 | 《生存与发展》 | 主编 | 刘义光　　黎　邓 |
| 第九分册 | 《音乐与人生》 | 主编 | 张炜　蒋菡　何薇 |
| 第十分册 | 《批评与表扬》 | 主编 | 陈京平　　张　炜 |

# 序一

闻悉周文彪先生任总主编的《陶行知生活教育系列丛书》付梓出版，尤其是将家庭教育融入陶行知生活教育思想非常必要。为众多父母在子女教育上坚持“行知合一”，用自己的行为做孩子的楷模提供了良好的借鉴。

随着《中华人民共和国家庭教育促进法》的颁布与实施，重视智力发展，忽视道德培养；重视知识学习，忽视能力培养；重视书本知识学习，忽视劳动实践；重视孩子智力发展，忽视情商培养；重视特长培养，忽视全面发展；重视身体健康，忽视心理健康；重视饮食营养，忽视身体保健的倾向越来越没有了市场，众多教育工作者逐步走向培养孩子全面发展的轨道。

父母与孩子的关系就好比土地和禾苗：土地肥沃，禾苗就茁壮；土地瘠薄，禾苗就瘦弱。家庭教育也是如此，父母的行为时时都在感染、熏陶和“塑造”着孩子的人生，孩子的行为、习惯、个性、性格也正是在父母行为的影响下逐步形成的。

大家都希望自己的孩子能接受到更好的教育，成为更优秀的人，这是为人父母的期望，也是整个教育事业必将要达到的目标，因此，我们万万不可忽略父母行为对孩子的影响。

在众多家庭教育中，有成功的经验，也有失败的教训，很多父母对孩子的期望总会产生极大的落差，其中的原因是什么呢？

一则对孩子的期望值过高。不计其数的父母盲目坚守着“望子成龙、望女成凤”的观念，孩子一入学就对他们提出：一定要考多少分，保持班上前几名，初中要考取某某名校，大学要考上985、211，毕业后要从事某高科技、高科研、高薪资的工作，结果，期望值越高，失望越大。

二则对孩子娇生惯养。很多孩子在家“称王称霸”，在外“一事无成”。其原因就是父母总是把孩子看作“温室里的花草”，对孩子提出的条件无限制地满足，平时这也不让做，那也不让做，忽略了孩子自身的锻炼，致使孩子一旦离开父母，走向社会，连最起码的生活自理能力也没有了。

三则对孩子放任自流。有些父母虽然与孩子住在一个屋檐下，同吃一锅饭，却很少交流，一旦交流就是“考多少分？全班第几名？”孩子做不到，就“一顿唠叨或讽刺挖苦”，这种不注意孩子的心理调适，一味压制，到头来孩子只好选择不和父母交流，有的甚至不想往来，还有的父母与孩子竟然像陌生人一样，孩子也干脆不和父母在一起。

四则对子女过度殷勤。随着生活水平的提高，很多父母对孩子过于殷勤，如吃饭的时候，总是喜欢将椅子、碗筷摆好，饭菜盛好，还有的孩子已经上小学了，还要靠父母喂饭吃。

五则用金钱替代教育。父母用金钱替代教育的现象不占少数，我们是否可以静下心来想一想：这样做究竟给孩子带来的是什么？存款、股票、房产、产业，等等？如此下去，孩子将来又会走向何方？培养孩子全面发展岂不是成了一句“空谈”？

特别引以注意的是：一些父母竟然混淆了家庭教育与学校教

育的关系。把孩子成才的期望全部寄托于学校，错误地认为教育就是学校的事，孩子只要考高分，上个好大学，将来就一定能有个好职业。这个误区实在可怕，大家要明白：家庭是教育的最基本、最基层的单位，学校教育是辅助家庭培养孩子成才的，家庭教育与学校教育的区别只是环境不同、教育者与受教育者之间的关系不同、教育者自身的条件不同、教育内容不同、组织管理不同，家庭教育具有广泛的大众性、强烈的感染性、特殊的权威性、鲜明的针对性、天然的连续性以及人生幸福的继承性和教育的终身性与教育方法的灵活性。

《陶行知生活教育系列丛书》在研究陶行知生活教育思想的基础上，对于家庭教育进行了进一步的深入挖掘、整理和延伸，指出了家庭教育在整个生活教育中的地位和作用，突出了陶行知“追求真理做真人”的为人之道，涵盖了早与迟、宽与严、言与行、家与校等多个层面，给父母在子女教育中以启发。

这套丛书从“品德培养要从健康行为开始”“让规矩陪伴孩子成长”“时刻提醒孩子规范自己的言行”“比考试分数更重要的是品德”“给孩子金山不如给知识，再富也别富养孩子”“知识转化为生产力才有力量”“不要忽略创新在教育中的作用”“对孩子的情商培养要从尊重开始”“让孩子在挫折中求生存”“不要忽视孩子生存能力的训练”10个侧面，提出了一系列比较现实的教育观点，通过生活中的一个个典型案例，论述了父母的行为与孩子成长的辩证关系，比如：父母自身素质、教养态度、教育能力、家庭生活条件、家庭成员之间的关系、家庭的社会背景和社会风气、家庭中错综复杂的冲突与矛盾等。促使父母更加重视“家庭教育的优势与劣势”“独生子女教育的优劣”“爱而不娇”“严而有格”“该管则管，该放则放，管放结合”“发展特长和全面发展”“言教和身教”“说服和实践”“掌握分寸选择机会”等重要问题。

在本套丛书即将发行之际，我们期望父母通过本书的阅读，提升家庭教育观念，支持孩子进行科学、文明、道德的修炼，使之在更多的学习活动中获得更多的自主权，从事更加有益的实践活动，在家庭教育中获得课堂上无法获得的知识和能力，使孩子的个性、知识、人格、情操、体质诸方面得以健康发展，让家庭教育与学校教育相辅相成、互相促进、相得益彰，促使孩子德、智、美、体、劳全面发展。

（俞启定　国内首批获得教育学硕士、博士学位的博士生导师，北京师范大学著名教授）

俞启定

2021 年 11 月 28 日

# 序二

《陶行知生活教育系列丛书》即将付梓出版，应丛书总主编周文彪先生之邀，特写上以下一番话，表达祝贺之意。

萌芽于1918年，成型于1927年的“生活教育”理论，是陶行知教育思想的核心。

“生活教育”理论是陶行知作为中国现代教育先驱的思想理论基础，开展对“生活教育”理论的深化研究是极具意义的！生活决定教育，教育必须改造生活。“从定义上说，生活教育是给生活以教育，用生活来教育，为生活的向前向上的需要而教育”。

“生活教育”是活教育。“书是不可以死读的，但是不能不活用。”

“生活教育”是“大教育”。它是包括社会、学校、自然、家庭的整个的教育。

“生活教育”是融合教育。通过德智体美劳、军（军事训练）的融合，让学生成为真善美、智仁勇结合的“整个的人”。

陶行知认为，“知识与品行分不开，思想与行为分不开，课内与课外分不开，做人做事与读书分不开，即教育与训育分不开”。求知、品格、赋能的有机结合是学育方式变革的根本途径。

“生活教育”也是“与时代俱进”的教育。唯有与时代俱进，才能成为促进社会不断发展的现代人。

陶行知先生创立的“生活教育”理论，已经成为时代的显学。它揭示了教育的本质，阐明了教育的职能，把握了现代教育的特征与趋势，极具当代价值，也成为新时代教育改革发展的“路向”之一。

在当代，如何深化研究传承“生活教育”思想？可以说，文献式地把陶行知先生的文章、讲话、书信、诗歌等文献资料结集出版的任务已基本完成，诠释式的解读则远远不够！联系实际研究、践行陶行知思想的传承，即把陶行知思想及其教育主张深化研究，汲取其中的思想内核、当代价值并与当代教育实际紧密结合，瞄准当下教育的新问题、新课题，探索教育改革的新思路、新路径尤为重要。

陶行知本身是教育实践的行动家，其教育思想在本质上是一种实践的教育学说，理论与实际结合是“生活教育”的生命力所在，只有从“行知合一”上理解其思想实质，从理论与实践的结合上深化研究，在学育方式变革上深化改革，才是真研陶！

生活是向个体敞开的含有情境和价值的意义总体，包括：教育生活、社会生活、自然生活，当然也包括家庭生活。我国最早在1903年的《教育泛论》中就提出家庭教育、学校教育、社会教育同为国民教育的三大支柱。

学校教育是教育制度的重要组成部分，起主导作用；社会教育是指一切影响于个人身心发展的社会教育活动，起重要辅助作用；家庭教育则是生活中家庭成员之间相互的影响和教育，有着不可替代之作用。

陶行知先生是把三者有机结合的典范。在重庆育才时，其子陶晓光去找工作，因没有文凭，就找人开了张文凭证明。

陶行知先生知晓后非常生气，对其子说："宁做真白丁，不作假秀才"，迅即让其退掉。1940 年 11 月 5 日，陶行知在写给陶晓光的信中说："城（即其四子陶城）每星期六到堡，我也每星期六来一次，教他一些处事待人之方。"

家庭是重要的教育场所。孩子在家的时间远超过在校时间，家庭的环境，父母的行为无时不在影响着孩子的成长；家庭是孩子的第一所"学校"，父母是孩子的第一任导师，而且是一生永恒的导师。学校的教师是可换的，而父母是无法替换的，父母不但给孩子以生命，而且还要塑造孩子的内心世界。学校里一个班，教师要管理四五十个孩子，家庭一对父母只教育一个孩子，而且孩子接触最多的又是父母，对孩子影响最大的也是父母。一个孩子的健康成长将凝聚着家庭几代人的期望，作为一个家庭，把孩子教育好，比什么都重要。

《陶行知生活教育系列丛书》共分 10 册，依托伟大的人民教育家陶行知先生提出的"生活即教育""社会即学校""教学做合一"的教育思想，列举了现实生活中的大量案例，反复论证了"教育与创新""规矩与成长""品德与分数""知识与财富""尊重与情商""勤奋与责任""生存与发展""音乐与人生"等之间的逻辑关系，强调了父母培养孩子成长、成才的作用，突出了言传身教、行胜于言的风格，提示大家：父母的行为要成为孩子的楷模！使读者不仅读懂家庭教育理论，还渗透了"学为人师，行为世范"的育人风格。

《陶行知生活教育系列丛书》抓住了陶行知思想内在价值与当下教育的契合点、创新点，拓宽了陶行知研究的新领域，较好地回答了当下教育尤其是家庭教育面临的难点、重点问题，在研究的广度、深度上有了新的拓展。内容符合未成年人家庭教育的需要，具有鲜明的时代特征，贴近生活，教育思想观点基本是科学的，具有可操作性。文字通俗易懂，简单明了，写法生动活泼，适合一般文化水平的父母阅读。

（吕德雄　中国陶行知研究会常务副会长兼秘书长，原“晓庄师范”党委书记）

吕德雄

2021 年 11 月 29 日

# 序三

由周文彪先生总主编的《陶行知生活教育系列丛书》刚定稿，准备付梓出版之际，《中华人民共和国教育促进法》正式发布与实施，这让我们备受鼓舞。这套丛书的问世恰逢其时，也让家庭教育从传统意义上的“家事”变成了新时代发展，民族进步的“国事”！

《中华人民共和国家庭教育促进法》首先明确了家庭教育概念，“本法所称家庭教育，是指父母或者其他监护人为促进未成年人全面健康成长，对其实施的道德品质、身体素质、生活技能、文化修养、行为习惯等方面的培育、引导和影响”，之后强调了“家庭教育以立德树人为根本任务，培育和践行社会主义核心价值观，弘扬中华民族优秀传统文化、革命文化、社会主义先进文化，促进未成年人健康成长”。同时，《中华人民共和国家庭教育促进法》规定了学校等社会力量对家庭教育的协同任务，规定了“国家鼓励开展家庭教育研究，鼓励高等学校开设家庭教育专业课程，支持师范院校和有条件的高等学校加强家庭教育学科建设，培养家庭教育服务专业人才，开展家庭教育服务人员培训”。不难看出，一方面《中华人民共和国家庭教育促进法》从家庭教育概念，家庭教育主体责任、家庭教育的内容和方式，家庭教育工作机制，国家支持家庭教育的举措，社会力量对家庭教育的协同任务以及国家机关、国家工作人员带头做好家庭教育工作七个方面做出了法定职责与实施规制，从而成为每个家庭及社会各方自觉践行的必须；另一方面，《中华人民共和国家庭教育促进法》还强调了家庭教育、学校教育和社区教育密不可分，由此为各方教育的深度融合与协同育人提供了理论支撑与法律保障。

《陶行知生活教育系列丛书》正是符合了《中华人民共和国家庭教育促进法》的要义，从《教育与创新》《知识与财富》《规矩与成长》《品德与分数》《行为与性格》《尊重与情商》《勤奋与责任》《生存与发展》《音乐与人生》《批评与表扬》10个方面列举了大量案例，剖析了人生的十大要素，不仅启发父母更加注重家庭、家教、家风，增加家庭幸福与社会和谐，配合社会与学校把孩子培养成德、智、体、美、劳全面发展的社会主义建设者和接班人，也为各方面开展家庭教育专业的学习和培训提供了有益的参考书目。期望本套丛书的发行，能汇聚更大的力量，让家庭教育为实现伟大的中国梦发挥独特的作用！

（呼中陶　原北京师范大学党委副书记、北京师范大学珠海分校党委书记）

呼中陶

2021年11月29日

# 前言

有些父母错误地认为：父母为孩子的付出、牺牲是天经地义的，致使孩子不把父母的辛劳记在心上，不懂得体恤、关心、照顾父母。

父母在对孩子付出时绝对不能当无名英雄，从小就告诉他，没有谁是应该为他做什么的，也没有什么事是必须为他做的。无论是谁，为他做了什么，都应该知道感激，绝对不能让他感觉父母为他做任何事都是理所当然的。不当家不知柴米贵，“穷孩子”更懂得珍惜，更能体会到来之不易的成绩，他们受过的磨难高于“富孩子”。有人说：孩子要穷养，意思就是说：人一定要经历一定的磨难，才更容易成才，才更容易冲破成功路上的磕磕绊绊。

孩子知识的欲望是激发出来的，假如父母一直让孩子生活在温和、吃喝不愁的环境里，孩子离成功就越来越远。大量的成功者的经验也一再告诫我们：成功者都是在磨炼中长大的，只有从苦难中挣脱出来的人，才能成为“当家做主”的好手。孩子成为一个什么样的人，在某种程度上，首先取决于父母。遗憾的是，父母们对此几乎没有太多的重视，尤其是一谈到家教就变成了花钱请老师教文化课，忽略了自己的身体力行。

本书强调让穷养的孩子早“当家”这一理念，深入浅出地阐明了勤奋与责任的关系，启发父母从培养孩子成才的角度，配合学校培养孩子对人对事负责任的精神。

在书稿完成之际，我们要特别感谢著名家庭教育专家、中国教育学会家庭教育专业委员会原理事长、中国当代家庭教育科学研究的开拓者赵忠心同志，北京师范大学原党委副书记呼中陶同志，北京师范大学资深教授俞启定同志，中国社会福利基金会原名誉理事长缪力同志，中国陶行知研究会常务副会长吕德雄同志在百忙中给予的精心指导；特别感谢中国社会福利基金会、中国教育学会、中国家庭教育学会、中国陶行知研究会给予的大力支持，感谢长期关注生活教育的同仁和北京师范大学（珠海）分校、暨南大学珠海校区、吉林师范大学分院、湖南工程技术职业学院、《福建基础教育研究》编辑部、范家小学、空直蓝天幼儿园等全国185位高等院校、中小幼校（园）长、教师参与研究与实践，使本书圆满完成。

由于本书的编写时间和编者水平有限，不足之处在所难免，恳请广大读者给予批评指正。

2021年11月29日

## 家庭生活教育的四个维度

| 1 | 获取生活兴趣的能力 | 观察视角：准备 / 倾听 / 互动 / 自主 / 达成 |
|---|---|---|
| 2 | 与父母的沟通互动能力 | 观察视角：环节 / 呈示 / 对话 / 引导 / 机智 |
| 3 | 新知识理解与评价能力 | 观察视角：目标 / 内容 / 实施 / 评价 / 资源 |
| 4 | 家庭环境与文化的熏陶 | 观察视角：思考 / 民主 / 创新 / 关爱 / 特质 |

## 阅读本书的观察视角

| 1 | 事前准备 | 孩子做事前准备了什么？是怎样准备的？ |
|---|---|---|
| | | 准备得怎么样？准备充分的概率是多少？ |
| | | 孩子是否养成了事前准备的习惯？ |
| 2 | 耐心倾听 | 孩子能否耐心倾听你的话？能耐心听多少时间？ |
| | | 作为父母你能耐心倾听孩子的心声吗？ |
| | | 倾听时，孩子有哪些辅助行为？ |
| 3 | 与孩子互动 | 你与孩子有哪些互动行为？能达成目标吗？ |
| | | 你与孩子互动的时间、过程、质量如何？ |
| | | 你与孩子就某一问题讨论的时间、过程、质量如何？ |
| | | 你与孩子户外活动的时间、过程、质量如何？ |
| | | 你与孩子的互动习惯怎么样？出现怎样的情感行为？ |
| 4 | 让孩子自主 | 孩子自主学习（活动）的时间有多少？ |
| | | 孩子自主学习的形式（探究 / 阅读 / 思考）有哪些？ |
| | | 孩子自主学习有序吗？有无自主探究活动？ |
| | | 孩子自主学习的质量如何？ |
| 5 | 目标达成 | 孩子清楚自己的学习目标吗？ |
| | | 孩子预设目标达成有什么依据？分几个阶段达成？ |
| | | 近阶段（1 月 / 半年内）生成什么目标？效果如何？ |

| | | |
|---|---|---|
| 6 | 问题环节 | 问题是哪些环节构成的？你是否围绕这些问题沟通？ |
| | | 这些环节是否面向孩子出现问题的关键点？ |
| | | 你对不同环节 / 行为 / 内容 / 时间是怎么支配的？ |
| 7 | 正面引导 | 你是如何引导孩子自主学习 / 工作 / 生活的？ |
| | | 你对孩子与人的合作能力是如何引导的？是否有效？ |
| | | 你对孩子探究学习是如何引导的？是否有效？ |
| 8 | 挖潜与启智 | 面对孩子调皮与犟嘴，你的态度和方法有哪些？ |
| | | 你如何处理孩子调皮和犟嘴？效果怎么样？ |
| | | 你使用了哪些非言语行为？效果怎么样？ |
| | | 你哪些行为感化了孩子（语言 / 体态 / 表情）？ |
| 9 | 共同思考 | 幸福生活是否与知识 / 技能有关？ |
| | | 对孩子的引导是否有利于问题的解决？ |
| | | 怎样引导孩子独立思考并自己处理问题呢？ |
| | | 家庭气氛能否促使孩子独立自主地生活？ |
| 10 | 民主与创新 | 你与孩子的沟通效果怎么样？ |
| | | 孩子参与集体活动的时间是怎样的？气氛如何？ |
| | | 你的行为是否成为孩子的榜样？ |
| | | 孩子与其他小朋友的关系如何？ |
| | | 家庭创新设计、情境创设与资源利用有何新意？ |
| | | 家庭气氛是否有助于孩子成长？你是如何处理的？ |
| | | 孩子生活有哪些新目标 / 资源？你是如何处理的？ |
| 11 | 关爱与特质 | 孩子的生活目标是否面向未来？ |
| | | 你是如何面对孩子的特殊情况的？ |
| | | 孩子遇有学习困难时，你是如何关注和引导的？ |
| | | 家庭环境体现了哪些因素有利于孩子走出困境？ |
| | | 家庭环境有助于孩子修正错误、健康成长吗？ |

# 目录

## Part 1　穷养的孩子早当家

## Part 2　从小就要让孩子有责任心

## Part 3　敢于担当能力的培养

## Part 4　让孩子从小就知恩图报

## Part 5　要成才就不要怕吃苦

## Part 6 要让孩子充满爱心

陶行知说：穷苦和学问是好友；富贵和学问是仇敌。那天天轻裘肥马，炫耀于同学之前的纨绔子弟，是不会有真学问的。今日教育之商业化，亦为不可掩饰之事实。

# 穷养的孩子早当家

- 陶行知经典故事
- 什么叫勤奋
- 让勤奋的孩子早当家
- 为孩子买房置产要不得
- 精神比物质更重要
- 不要忽视孩子的心理健康
- 为孩子养成良好习惯创造氛围

# 陶行知经典故事

1939年夏天，有人介绍一位青年诗人到育才学校半工半读，介绍信上写道："刘文伟，诗人高歌的学生……"陶行知一看，风趣地说："喔，文——伟，你诗文伟大呀？"青年忙说："不，相反——很渺小，我已经把伟字改成苇，芦苇的苇。"

陶行知笑了笑说："对呀，不要自封为伟大，要大众承认才是真伟大。你愿意做芦苇，好，芦苇做成船，也可以渡人到达彼岸呀！"

过了一会儿，陶行知又说："你是高歌的徒弟，一定是个小洋诗人吧？"

青年人回答："不，我是土人，从小是孤儿，做过童工，爱唱劳动号子，自己编词儿，是地道的'杭唷'派"。

陶行知"哦"了一声说："那我们是同志呢，我也是'歌谣派'，你读过我的诗吗？"青年人说："读过，很喜欢。听说你跟唐代诗人白居易一样，写了诗先读给老妈子听。我还喜欢唱您编的歌。如《锄头舞歌》《镰刀舞歌》《手脑相长歌》，等等。"

陶行知立刻喜欢上了这个叫刘文苇的青年人，对他特别关心，经常问他学习、生活的情况。

当时小刘才18岁，学习兴趣很高，而且爱好广泛。在育才学校，他感到什么都新鲜，样样都想学想问。陶行知工作很忙，平时住在北碚，到学校来一趟不容易，要处理的事很多。但小刘见缝插针，一有机会就去向陶行知请教，陶行知也总是热情耐心地回答他的问题。

有人责备小刘“不懂事”，但陶行知鼓励小刘说：“做学问就是要学要问。我过去写过一首诗：‘发明千千万，起点是一问。人力胜天工，只在每事问。’学问，学问，光学不问只是一半，光问不学也只是一半，又学又问才是完整的学问。好比一个人，不能光有右手右脚，也不能光有左手左脚，要左右配合才是完整的人。”

陶行知的教诲给小刘很大启发，他也写了一首诗，题为《学问》：学问学问，既学又问。光学不问，半截理论，死啃书本，用时不灵。光问不学，一半是零，不成条理，低级水平。又问又学，真正聪明，又学又问，才是完整的活的学问。

在陶行知和育才学校文学组主任艾青的帮助教育下，小刘后来成为我国著名的诗人。

## 什么叫勤奋

勤奋是懒惰的反义词，是成功的基础之一，是中华民族传统的美德。要孩子成才，除了良好的心理素质，其次就是勤奋。

勤奋，不光是身体勤奋，而且精神也要勤奋，勤奋靠的是毅力，是恒心。

学业的精深造诣来源于勤奋。勤，即珍惜时间，勤学习，勤思考，勤探究，勤实践。

勤奋是成功的唯一途径。没有它，天才也会变成呆子。勤奋是指坚持不懈、高频率地做自己认为有意义的事。

我国著名的数学家华罗庚曾说过：“勤能补拙是良训，一分辛苦一分才。”古今中外，许许多多有成就的人，他们都是因为勤奋，才从众多的人中脱颖而出，成为人们所佩服的人。

西汉时大学问家匡衡小时候就非常喜欢读书，可是家里很穷，买不起蜡烛，一到晚上就没有办法看书，他常为此事发愁。这天晚上，匡衡无意中发现自家的墙壁似乎有一些亮光，他起床一看，原来是墙壁裂了缝，邻居家的烛火从裂缝处透了过来。

匡衡看后，立刻想出了一个办法。他找来一把凿子，将墙壁裂缝处凿出一个小孔。立刻，一道烛光射了过来，匡衡就借着这道烛光，认真地看起书来。以后的每天晚上，匡衡都要靠着墙壁，借着邻居的烛光读书。由于他从小勤奋好学，后来匡衡成了一名知识渊博的经学家。

据说清末时梨园中有“三怪”，他们都是因勤学苦练成了才。瞎子双阔亭，自小学戏，后来因疾失明，从此他更加勤奋学习，苦练基本功，他在台下走路时需要人搀扶，可是上台表演却寸步不乱，演技超群，终于成为功深艺湛的名须生。

跛子孟鸿寿，幼年身患软骨病，身长腿短，头大脚小，走起路来很不稳便。于是，他暗下决心，勤学苦练，扬长避短，后来一举成为丑角大师。

还有哑巴王益芬，先天不会说话，平日看父母演戏，一一记在心，虽无人教授，但他每天起早贪黑练功，常年不懈。艺成后，一鸣惊人，成为戏院里有名的武花脸，被戏班子奉为导师。

【案例1】

鲁迅先生从小认真学习。少年时，在江南水师学堂读书，第一学期成绩优异，学校奖一枚金质奖章，他立即拿到南京鼓楼街头卖掉，然后买了几本书，又买了一串红辣椒。每当晚上夜读时，寒冷难耐，他便摘下一颗辣椒，放在嘴里嚼着，直辣得额头冒汗。他就用这种办法驱寒坚持读书。由于苦读书，后来终于成为我国著名的文学家。

【分析】

古往今来，众多的著名人物，都是勤奋的结果。即使勤奋，聪明的人物都知道勤奋应该用在追求真实的学问上，而不是虚荣上。鲁迅将学校奖的一枚金质奖章卖掉，拿它换可以增长学问的书，这就是真勤奋。

【案例2】

王亚南小时候胸有大志，酷爱读书。读中学时，为了争取更多的时间读书，特意把自己睡的木板床的一条腿锯短半尺，成为三脚床。每天读到深夜，疲劳时上床去睡一觉后迷糊中一翻身，床向短脚方向倾斜过去，他一下子被惊醒过来，便立刻下床，伏案夜读。天天如此，从未间断。结果他年年都取得优异的成绩，被誉为班内的三杰之一。他由于少年时勤奋刻苦读书，后来，终于成为我国杰出的经济学家。

【分析】

勤奋就是要珍惜时间，年少时珍惜时间主要应该用来读书和学习，积累本领。王亚南小时候胸有大志，酷爱读书。他不仅珍惜时间，还能天天如此，勤奋超人。因此亲爱的少年们，只要能够付出超人的努力，就一定可以做出优异的成绩。

认知：

理解：

| 做件什么事 | 怎么做的 | 做中的感悟 |
| --- | --- | --- |
| | | |
| | | |
| | | |

准备：

学会做：

## 让勤奋的孩子早当家

父母可以尝试让孩子在家做个“小当家”，比如：让孩子负责这个月的伙食，要求一月的伙食费多少，不能超出预算，每天的食谱由小孩负责策划购买，规定每天的菜式和分量，超出预算范围要自行承担，父母可以适当地给予建议、指导，让孩子有当家的责任感。

让孩子当家就不要总是包办代替。父母在让小孩当家的时候，不能完全代替小孩包办一切工作，只要是在孩子能承受的范围内，要由孩子自行承担，必要时可作为小孩的助手，比如：东西太重超出小孩能承受的范围以外的粗重工作应由父母协助帮忙，小孩有什么不懂的地方，父母可以给予适当的指引。

在培养孩子做家务这个问题上，父母很容易陷入误区。想让孩子当家，首先要让他们树立一种主人翁意识，树立分担家庭义务的责任。

勤奋教育要体现四个原则：第一，自己的事情自己做，即为自己洗碗，为自己拖地，收拾房间整理内务是自己的责任；第二，不会的事情学着做，在做的过程中犯错误，不仅不责怪还给予鼓励；第三，别人事情帮着做，使孩子的责任意识进一步放大；第四，大家的事情一起做。

【案例1】

小明的妈妈从小就培养孩子做家务。有一天儿子说：“妈妈我帮你洗碗。”妈妈便表扬儿子：“这么小能承担家务，真好。”随即强调：“那个碗不是‘妈妈的’，你不是在帮妈妈做事，而是作为一位家庭成员承担家庭责任。”

小明的妈妈特别注意在家务问题上和孩子平等，时时将家庭的优良传统传递给孩子。

【分析】

勤奋不能只是读书，勤奋的孩子应该学会做家务，在家务上学会承担家庭的责任，带着责任成长才能知道何为勤奋。小孩子的勤奋不能失去方向，否则就变成了一种外在的强迫，迟早可能会以为生活没有意义而放弃奋斗和努力。当下社会年轻人所谓的躺平，就是放弃了自己对自己的责任。

【案例2】

在犹太教的传统中，父母（而不是子女）才是最需要被照顾的人。孩子从小要帮助父母跑腿。尊重父母，照料父母，不坐在父亲的椅子上，不在公共场合纠正母亲的错误……

拉比西缅·本·约哈伊说：“子孙为老人冠冕，父亲是女儿的荣耀。”十分重视家庭教育的犹太人也把孝道提到了极其重要的地位。每一个三代同堂的犹太家庭里，中间一代力求以身作则，孝敬长辈，孩子自然就会懂得孝敬父母以及长辈，整个家庭长幼有序，而且每个人之间都相互关心、相互宽容，呈现一种其乐融融的和谐气氛，而这种氛围对每个人的身心健康都是非常有利的。

【分析】

早当家的孩子，体现在早早地承担家庭的责任和理解家庭的长幼有序，每个人之间都相互关心、相互宽容。那些不当家的孩子，往往认为自己是家庭的中心，对家人漠不关心，更谈不上承担家庭的责任。勤奋让孩子早成长，早成长之一的表现就是早当家。

认知：

理解：

| 做件什么事 | 怎么做的 | 做中的感悟 |
| --- | --- | --- |
| | | |
| | | |
| | | |

**准备：**

**学会做：**

## 为孩子买房置产要不得

很多父母认为孩子得到的物质越多，人就会越上进，会更加满足。事实上，人的需求与供给对等的时候，满足感与成就感才是最高的。过度地富养孩子，当孩子有一天失去这些供给的时候，他们会产生巨大的失落感。富养孩子，也需要父母把握尺度。

中国有一句古话，富不过三代。父母如果富养过度，会造成孩子对挣钱没有辛苦的概念，对于父母的期望也不会都重视。很多孩子身上存在骄奢病，就与父母的教育方式息息相关。

孩子的物质过分富足，他们往往无法独当一面，迎接生活中的风风雨雨。一旦失去父母的保护伞，他们便惊慌失措，不知道何去何从。

在很多家庭中，经历过贫苦生活的长辈们想要后代过上幸福的生活，尽可能地保障孩子的物质需求。孩子一出生时就已经拥有很好的物质生活条件，他们不需要忍受贫苦，就可接受来自父母给创造的幸福生活。父母想尽一切办法来宠爱孩子，却不曾想过要如何让孩子知道眼前生活的来之不易。他们往往只注重物质上的极度富养，却忽略孩子精神上的建设，父母宁愿自己受委屈，也不让孩子知道真相，这对孩子成长是非常不利的。

【案例1】

一位深圳高官送给10岁儿子的生日礼物是一套三室一厅豪华居室，这个礼物分明是在剥夺孩子发奋向上的渴望与权利，是在断送儿子开疆辟土的能力与才华。权倾一时的达官显贵铤而走险给子女安排一份好的工作，谋求一个好职位，可谓用心良苦。

孩子“没有那个金刚钻，还是别揽那份瓷器活”，这些位高势重的人物“聪明一世，糊涂一时”，把老祖宗“财富不长宜子孙”的忠告置于脑后！为人父母者假若不下苦心培养子女的一技之长，在当今乃至今后“凭本事吃饭”竞争日趋白热化的社会里，你的孩子那个饭碗如何能端得牢靠？你纵然财大气粗地独霸一方，可以给孩子留下一座金山，也架不住不肖子孙坐吃山空，挥霍一尽，从来纨绔少伟男。

“阿斗”子承父位，天下第一，谁人可比？却不过是扶将不起留下“乐不思蜀”千古笑柄的亡国之君！贫困有时是一把锉刀，有可能断送一个人的一生；贫困有时像一块淬火石，又可能启动一个人的全部才智，创造一番不同寻常的业绩。宋代儒人汪信民说："人能咬得菜根，则百事可做！"

【分析】

谁懂得贫困的含义，谁的生存能力就会大大提高！父母送给子女的最好礼物——责任的根，独立之翼！理性的家长用金钱为孩子健康成长提供基本条件，而不是让孩子在挥霍金钱中消磨意志，自毁前程。

曾国藩写信给儿子说："银钱田产最易长娇气、逸气，我家断不可积钱，断不可买田，尔兄弟努力读书，决不怕没有饭吃。"

养尊处优并不是父母送给孩子的最好礼物，恰恰可能埋下祸根。倒是那些从小就挣扎在社会最底层的人们，没有别的出路，没有任何指靠，只有以死相争，常常可以出人头地建功立业。

【案例2】

有一次，我带着小侄子出去逛商场，他看中一个玩具，因为家里已经有很多玩具了，我告诉他说：没有钱了。但令我吃惊的是，他指了指我的手机说：只要有手机就可以付钱，手机里的钱是花不完的。

2010年"李刚门"闹得沸沸扬扬，一句少年无知的"我爸是李刚"也成为网络流行语。其实，我也在政府部门担任着不大不小的一个职位。平时工作忙，对孩子的教育有些疏忽，平时对他的关心也很不够，我还真怕他万一哪一天给我捅出什么篓子来……

【分析】

“李刚门”只是一个特殊的事件，这并不足以说明所有的“富二代”和“官二代”都是为非作歹之徒。而这位家长已经有未雨绸缪的意识，也确实值得欣慰。不论是“富二代”还是“官二代”，出现如此让人悲愤的事情，其家庭教育肯定是失败的。作为父母，肯定不希望孩子到处惹是生非，也自然不愿意看到自己辛辛苦苦挣来的钱财被孩子挥霍一空。要保证孩子成长在健康的道路上，必须加强家庭教育，即便是工作再忙，也应该为孩子留有必要的时间。

**认知：**

**理解：**

| 做件什么事 | 怎么做的 | 做中的感悟 |
|---|---|---|
| | | |
| | | |
| | | |
| | | |

准备：

学会做：

## 精神比物质更重要

每个父母都有望子成龙的信念，希望自己的孩子不要输在起跑线上，从准备怀孕开始就投入大量的时间和精力，有的甚至成为全职妈妈，专心培养孩子，在这个过程中，父母们也许会有些误区，也许会忽略掉一些比物质更重要的东西。

俗话说：有什么样的父母，就有什么样的孩子。意思是说：父母给孩子树立榜样，给孩子一个好的观念，对孩子一生的发展很重要。

当下，以独生子女为主的一代，孩子从小在六个成人的呵护下长大，如果忽略了对孩子正确的引导，孩子极易走向自私或唯我独尊的错误方向，很难懂得分享、站在别人的角度考虑问题，照顾、关心别人，具有集体荣誉感。

事实上，此时的父母给予孩子的，应当是更多的精神，要明白：精神财富比物质财富更重要，比如：著作权、专利权、商标权、科技成果权以及发明权等这些都属于精神财富，是无形资产，比物质财富更重要，精神财富不会随时间的推移而贬值或遗失。

孩子的人生发展的需求有五个层次：

第一个层次：生理需求。包括食欲、睡欲等，这是最低的一个层次，动物也有这种需求；第二个层次：安全需求。人身安全、财产安全等，希望自己的合法权益得到保护；第三个层次：社交需求。这个需求对人的精神世界来说极为重要，但还远不是最高需求；第四个层次：尊重需求。每个人都希望被别人认可和尊重；第五个层次：实现人生价值的需求，这也就是人的最高需求。

在这五个层次中人们往往更看重有形、有限的物质财富，如一张饼可以吃光；一万元钱可以花完。而生活中更有价值的是精神财富，它是无形、无限的，如一个主意、一种思想、一种品德、一种习惯、一种观念、一种精神、一个计划、一个战略，一个创新等，很难估算它们的价值。孩子一旦获得将受益终身。

【案例1】

“几年前，儿子去新疆做社会调查，在与其他学校的同学一起吃饭时，他看到一个外校学生给同桌的人夹菜，问该学生在家里排行第几，他回答，老大。我很赞赏儿子能注意到这一细节，问他平时又是怎么做的。他说，平时聚餐时，每上一道菜，都先把菜盘转给别人夹过后，他才动筷子；AA制时，总有A不尽的时候，剩下的零头就由他出了。”

对女孩子来说要培养其具有好的性格，善解人意；对男孩子来说要培养其勇于担当，具有绅士风度。

【分析】

先人后己，在家庭里善于承担责任照顾家人的人，在社会上也善解人意照顾朋友。家庭和社会是关联的，孩子的责任意识和责任能力也是会迁移的，培养孩子承担家庭责任，也就是培养孩子承担社会责任。

【案例2】

古代有个叫黄香的人，以孝出名。9岁时母亲去世，从此他更细心地照顾父亲，一人包揽了所有的家务。到了冬天，他害怕父亲着凉，就先钻到冰冷的被窝里，用身体温热被子后，再扶父亲上床睡下。

家里没有电热毯、更没有暖气，黄香常常用自己的身体给父亲取暖。

到了夏天，为了使父亲晚上能很快入睡，他每晚都先把凉席扇凉，再请父亲去睡。

黄香小小年纪，就有这样的孝心，也使他做人、求学上有所成就，后来他当上了以孝闻名的好官，人称“天下无双，江夏黄香”，被列为“二十四孝”之一。

【分析】

“二十四孝”之一黄香，冬为父温凉席，夏为父把凉席扇凉，再请父亲去睡。青少年为父母做些力所能及的事情即是孝，为父母盛碗饭，端杯水，累了护着休息，饿了准备食物。对父母的爱是家庭责任的起始，也是社会责任的起始，更是成才的起始。要让孩子早当家，就要让孩子爱父母，愿意为父母做些力所能及的事情。

认知：

理解：

| 做件什么事 | 怎么做的 | 做中的感悟 |
| --- | --- | --- |
|  |  |  |
|  |  |  |
|  |  |  |

准备：

学会做：

## 不要忽视孩子的心理健康

很多父母把自己未完成的愿望寄托在孩子身上，只重视孩子的身体健康，而忽视了孩子心理健康，致使孩子抗挫折能力差，不会排解内心负面情绪。

孩子本来心理防御机制不健全，容易引起精神疾病和极端行为，这种悲剧在生活中常有发生。“所以，父母要让孩子从小在挫折中磨炼，培养坚强的意志，克服困难承受压力的心理素质，当人生出现波折时就能坦然面对，走过人生低谷。”

在这种见仁见智的认识中，人们往往只看重孩子的学习成绩以及获得的什么奖励，至于孩子心理是否健康却不关注，更不用说去赏识孩子的良好行为了。长此以往，许多孩子在潜意识里变得自卑，容易自我否定，心理脆弱。试想：一个没有自信心，不能发现自身优点的孩子，怎么能担负起将来生活的重担，经得起生活的风风雨雨呢？

在对孩子的培养上总是发现机会，找准时机，让孩子切实感受到自己成功之处。比如，一次简单的手工制作、一次较为清楚的作业书写、一次快速穿好衣服，甚至一次把小手洗得干净，只要你以欣赏的眼光去看待孩子，你就会在孩子的身上发现很多闪光之处，把孩子身上的这些闪光点有意识地放大，让这种放大成为孩子下一次进步的奠基，这就是对孩子最好的爱。

当孩子知道被关注、被欣赏，而且在他（她）身边有这么一个可亲可爱的人在欣赏着他（她）、关怀着他（她）、支持着他（她）。孩子相信大人相信他时，他就会相信自己。日积月累的这种赏识，将会给孩子带来源源不断的自信心。

我们一些父母往往是对孩子怀着恨铁不成钢的心态，总是以成人的眼光去苛求孩子，即使孩子已经做得很好了，还要千方百计地从鸡蛋里挑骨头，其结果必然使孩子生活在失败的阴影中，久而久之，悲观、失望、自我否定等负面的情绪就会占据一个孩子的心灵，使孩子没有了自信，也就没有了未来。

【案例1】

有一个孩子，无论做什么事都会不假思索地说“我不会”，而后就等待老师解决。穿袜子，“我不会”；扣衣扣，“我不会”；吃饭，他把头扭向一边，还是“我不会”；小朋友活动时他坐在那里不参加，问他还是“我不会”；今年开学，我让每个小朋友说说过年都做什么了，有的说和爸爸放鞭炮了，有的说吃饺子了，还有的说看烟花、看灯展了，最后一个让他说，还是那句“我不会”。

【分析】

依赖是心理病，养成依赖的孩子不仅放弃了自我成长，还要依赖别人。他们无法承担家庭的责任，更不要说未来承担社会的责任。一旦孩子养成了依赖，他就会借口说“我不会”。而很多父母觉得没有什么，为之代劳，这看上去是爱孩子，实际上却是害了孩子。但父母们也不知道怎么办才好，既不能打孩子，也不能骂孩子，只好帮孩子干了。久而久之，孩子就越发懒了，最后变成什么都不会。

破除孩子依赖的最好办法，就是不再给予孩子他自己能做到事情的帮助，要让孩子在实际生活教训中学会成长，学会承担责任。对依赖的孩子，首先要学会承担的责任就是对自己的责任。

【案例2】

乒乓球世界冠军孔令辉小时候胆子小，特别怕水。为了锻炼他的胆量，当教练的父亲下狠心有意让孔令辉去学游泳。起初，孔令辉吓得直哭，可是父亲还是把他扔到松花江里，在滔滔江水的拍打下，孔令辉硬是被培养出了不怕苦的坚强意志。

每一位做父母的都想让自己的孩子成龙成凤，但是我觉得能给予孩子一个健康的身心比任何成绩和成功都更重要，这是给孩子生命成长最优质的礼物，是孩子将来能够成长为参天大树最丰厚的人生滋养。

【分析】

依赖的另一个原因是意志不坚强，怕苦怕累，成就非凡的人生必定要有非凡的意志，就必定不能怕苦怕累。因此，父母要有意识地培养孩子吃苦耐劳的品质，否则即使有爱心，也会因为怕苦怕累，爱莫能助。乒乓球世界冠军孔令辉虽然小时候胆子小，但是经过父母的有意识培养其顽强的意志，最终取得了非凡的人生。

认知：

理解：

| 做件什么事 | 怎么做的 | 做中的感悟 |
| --- | --- | --- |
|  |  |  |
|  |  |  |

准备：

学会做：

## 为孩子养成良好习惯创造氛围

“习惯决定孩子的命运。”习惯的力量是巨大的，它往往起源于看似不经意的小事，却蕴含了足以改变人类命运的巨大能量。好习惯常常让人终身受益，坏习惯往往使人终身受害。养成孩子良好的习惯是每个父母的责任。事实表明，习惯可以改变人的一生。

日本教育家福泽谕吉说：“家庭是习惯的学校，父母是习惯的老师。”事实正是如此，孩子的许多习惯主要是在家里养成，父母应该注重在生活中培养孩子的各种良好习惯。然而现在一些家庭只有一个孩子，父母把希望和精力都寄托在他们身上，孩子在家里唯一的任务就是学习，因此做不得任何事情，久而久之，就养成了孩子懒散的习惯，什么事都不愿做，过着“饭来张口，衣来伸手”小皇帝般的日子。

只有肥沃的土壤才能长出好庄稼，只有良好的家庭环境才可能培养出智力优秀、聪明活泼的孩子。要想让孩子喜欢读书，首先父母就得喜欢读书，要想让孩子热爱学习，父母要以身作则，热爱学习。很多人都非常惊讶我女儿看书的习惯，一本书在手可以忘记其他的所有，在不断地读书过程中女儿学会了不少知识，明白了很多道理，这是因为我们在家里为女儿的读书创造了一个浓厚的氛围，我们家里有几个大的书橱，里面摆放着很多很多的书，一旦我们有时间，我们一家三口不是围着电视看，而是看自己喜欢的书。家长是孩子的第一任老师，身教重于言教。若父母督促孩子要努力学习，而自己却常常通宵达旦地打麻将、看电视，那么孩子感兴趣的恐怕不会是学习了，若父母每天晚上都尽可能地抽空学习，如看书读报等创设良好的学习氛围。这对孩子起到了潜移默化的作用，孩子在这样的环境中耳濡目染，自然而然也会养成看书、学习的习惯。

父母在培养子女中“播下一个行动，就将收获一种习惯；播下一种习惯，就将收获一种性格；播下一种性格，就将收获一种命运。”事实表明，习惯左右了成败，习惯改变人的一生。要让孩子从小具备成功者的素质，一项刻不容缓的任务就是：帮孩子培养受益一生的好习惯。任何一种习惯都不是天生的，都是可以改变的，只要您付出自己的耐心并配合切实可行的方法，那么您就是在为孩子铺就一条走向成功的大道。

孩子做某件事失败了，成功的家庭教育不是不让孩子去做或家长干脆包办了，而是再给他（她）提供一次机会，直至成功。

比如，让孩子洗碗将衣服浸湿了，就指导孩子再来一次，教会他避免失败的方法。

成功的父母教孩子做家务，每周一次贴出要干的家务劳动内容。将某一特定任务指定某一孩子去干，确定完成任务的期限；轮流干某些活儿，让每个孩子都有机会去做有兴趣或最容易干的工作；检查孩子的完成情况，使孩子因自己的劳动而产生一种完成任务的成就感。

德国人认为“两代之间的争辩，对于下一代来说，是走向成人之路的重要一步。”因此，他们鼓励孩子就某件事与父母争辩，自由发表自己的意见。通过争辩使孩子觉得父母讲正义、讲道理，他会打心眼里更加爱你、依赖你、尊重你。你要孩子做的事，他通过争辩弄明白了，会心悦诚服地去做。你有难题，孩子参与争辩，也能启发你。

为了增强孩子的生活自理观念，家长有意识地让孩子学会判断是非，做出选择，如去商店购买玩具，家长事先会定出一个金额，让小孩子自行决定买什么；家里准备外出旅游，也会征求一下孩子的看法。日本孩子到了初中后，大部分衣服他们自己能够独立地上街购买，而且会货比三家，精打细算。

【案例1】

一个孩子摔倒了，母亲说："宝贝，自己站起来！"然后用鼓励的眼神望着孩子，直到孩子自己站起来；一个孩子摔倒了，母亲没有说话，只是在孩子旁边反复模仿摔倒并站起来的动作，以肢体语言告知孩子：要自己站起来；还有很多孩子摔倒了，母亲马上跑过去、扶起孩子，一边打掉孩子身上的尘土，一边不停地说："宝贝，别哭，摔着没有？"还直跺地面："都怨地不好，让宝宝摔倒了，妈妈打它，宝宝乖！"于是，孩子不哭了。

【分析】

这只是一个小而简单的故事，三种不同方式培养的孩子未来会怎样呢？不难想象：第一类孩子会独立坚强；第二类孩子会自己照顾自己；而最后一类的孩子则喜欢躲在父母的怀抱中，在父母的“保护”下，尽情地享受，丧失了承担自己过错的责任，做起“啃老族”。

【案例2】

有一次，在公园玩沙子，麦粒儿借铲车，遭到了鹏鹏的拒绝。麦粒儿非常困窘，向妈妈求援。妈妈温和地问麦粒儿：“你想要那个铲车，对不对呀？”她点头。妈妈继续试探：“你去和鹏哥哥说好吗？”麦粒儿摇头。妈妈很了解麦粒儿，知道再逼迫她，她也不会去的。于是，妈妈对她说：“我带你去好吗？”她点头。妈妈牵着她的小手到鹏鹏身边，蹲下来，对麦粒儿说：“你和鹏鹏说吧！”麦粒儿的语气还有点虚弱，但勇敢多了，终于又重复了一句：“鹏鹏，把铲车借给我好吗？”这回鹏鹏给她了。妈妈顺势应了一句：“恩，你看，再和鹏哥哥说一遍，他就给你了。”

【分析】

鼓励孩子，让孩子做自己应该做的事情，养成孩子自己的问题自己解决的习惯。妈妈对麦粒儿的鼓励和引导，最终让麦粒儿迈出自我成长的那一步，这不仅培养了孩子自我的责任，还培养了孩子的社交能力、语言表达能力（图1）。

认知：

理解：

| 做件什么事 | 怎么做的 | 做中的感悟 |
| --- | --- | --- |
| | | |
| | | |
| | | |
| | | |

准备：

学会做：

## 本章复盘

### ◎ 小问题

回答下面的问题，帮助你理解当家意识培养在家庭教育中的必要性。

1.当家意识培养的目的是什么？

2.当家意识培养首先要做到什么？

3.当家意识培养的步骤是什么？

4.当家意识培养有哪些要注意的环节？

5.当家意识培养有什么效果和表现？

6.当家意识培养和掌握知识应该如何区别？

7.当家意识培养的方式不同，效果有什么不一样？

8.生活中当家意识培养的问题有哪些？

## 如何做更好的家长

◎收起你的懦弱，摆出你的姿态，培养孩子早当家的意识，不要打击孩子的积极性！

◎就算周边的人（含家庭成员）都否定孩子，你也要相信孩子，不要管别人的看法。

◎很多事是尊重出来的，要相信，世上本没有做不到的事，只有不尊重人，才适得其反。

◎不管孩子如何，都可能不被欣赏，总有人认为他不够好，你不管别人怎么看，你都不能不注意培养孩子的当家意识！

## “管理好自己”思考题

【反向思维】

◎当家意识培养没有用，孩子就是不愿意学习！

◎当家意识培养孩子到位了，孩子还是不好好学！

◎对孩子当家意识培养不到位，反而被别人瞧不起！

【正向思维】

◎当家意识培养之后，家庭和睦了！

◎当家意识培养之后，孩子的能力提高了！

◎当家意识培养之后，父母与孩子相处更融洽了！

◎当家意识培养之后，父母与孩子的误会没有了！

与心对话

每日一问：

家庭生活中总有一些磕磕绊绊，很多事情都需要对孩子进行当家意识培养，你面对这些问题是怎么解决的？你身边的家庭又是怎么处理的？

请将在家里看到的记录下来：

陶行知说：先生不应该专教书；他的责任是教人做人。学生不应当专读书；他的责任是学习人生之道。

# 从小就要让孩子有责任心

- 陶行知经典故事
- 什么是责任心
- 责任心是做人的态度
- 常给孩子承担责任的机会
- 培养责任心的策略

## 陶行知经典故事

“人为一大事来，做一大事去”“捧着一颗心来，不带半根草去”。这两句格言是陶行知为人类、为教育事业奉献一生的宣言。

1939年，陶行知在重庆创办“育才学校”，这所学校是陶行知创办的成绩最大的学校，学生主要是保育院的难童，对学生不收学费和生活费，因而经费非常困难。有人问陶行知：“你何必背着石头过河呢？”陶先生说：“我背的不是石头，是爱人。”这是对学生的爱，对学校的爱，对教育事业的爱，对劳动人民的爱，对中华民族的爱。

陶先生有四个字“爱满天下”。不仅爱人类，而且爱生物，反对把生物弄死来做标本，把生物学变成死物学，这是人世间最伟大的爱。

推广这样的爱，可以教导人们不再互相残杀，人与自然和谐共处。

## 什么是责任心

责任心的含义是具有责任感的心态。责任心是指对事情能敢于负责、勇于主动负责的态度。例如，社会上有些人结婚后不珍惜家庭的幸福，生活不检点、我行我素，把对方的感情和自己应尽的责任弃置脑后，最终导致家庭破裂。这就是对家庭缺乏责任心的表现。

责任心是指个人对自己和他人、对家庭和集体、对国家和社会所负责任的认识、情感和信念，以及与之相应的遵守规范、承担责任和履行义务的自觉态度。它是一个人应该具备的基本素养，是健全人格的基础，是家庭和睦、社会安定的保障。

具有责任心的孩子，会认识到自己的学习与工作在组织中的重要性，把实现组织的目标当成是自己的目标。

【案例1】

5岁的汉克和爸爸妈妈哥哥一起到森林干活，突然间下起雨来，可是他们只带了一块雨披。爸爸将雨披给了妈妈，妈妈给了哥哥，哥哥又给了汉克。汉克问道："为什么爸爸给了妈妈，妈妈给了哥哥，哥哥又给了我呢？"爸爸回答道："因为爸爸比妈妈强大，妈妈比哥哥强大，哥哥又比你强大呀。我们都会保护比较弱小的人。"汉克左右看了看，跑过去将雨披撑开来挡在了一朵风雨中飘摇的娇弱小花上面。

【分析】

真正的强者不一定是多有力，或者多有钱，而是他对别人多有帮助。爸爸也不是多有力，但可以保护妈妈，妈妈也不是多有力，但可以保护哥哥，哥哥也可以保护弟弟，弟弟想要保护，还可以保护小动物和小植物，责任可以让我们将事做完整，爱可以让我们将事情做好，因为有爱，才会去帮助别人。

【案例2】

即使是在今天，送货上门充其量是将货物送到客户家里并根据需要放到相应的位置，就算完事。那么，王永庆是怎样做的呢？每次给新顾客送米，王永庆就细心记下这户人家米缸的容量，并且问明这家有多少人吃饭，有多少大人、多少小孩，每人饭量如何，据此估计该户人家下次买米的大概时间，记在本子上。到时候，不等顾客上门，他就主动将相应数量的米送到客户家里。王永庆给顾客送米，并非送到了事，还要帮人家将米倒进米缸里。如果米缸里还有米，他就将旧米倒出来，将米缸擦干净，然后将新米倒进去，将旧米放在上层，这样，陈米就不至于因存放过久而变质。王永庆这一精细的服务令不少顾客深受感动，赢得了很多顾客。

【分析】

责任心，指对事情敢于负责、勇于主动负责的态度。它会让我们把事情做完整，做到最好。没有责任心，就会推诿，找各种搪塞的理由，青少年最重要的是学习，但学习好坏也建立在他对家庭、社会是不是感受到自己的人生责任。我们听过周恩来“为中华之崛起而读书”。责任心的落实才是最重要的，好的责任心，就应该想尽办法把事情做完美。王永庆为客户送米，送出了境界，这就是把责任心落实的好例子。

认知：

理解：

| 做件什么事 | 怎么做的 | 做中的感悟 |
| --- | --- | --- |
| | | |
| | | |
| | | |
| | | |

准备：

学会做：

## 责任心是做人的态度

有责任心，是为别人赴汤蹈火的壮举；是为别人两肋插刀的豪情，因此，才有了黄继光以身体挡子弹；才有邱少云至死不移半步。做他人不敢做的事，担他人不敢担的后果，姜素椿才会为了病人而往自己身上输血清；叶欣才会在生前留下那句刻骨铭心的话："这里危险，让我来。"

责任心是发愤图强的干劲，有"位卑不敢忘忧国"的陆游；"天下兴亡，匹夫有责"的顾炎武；"名出所学，各尽所知，使国家富强不受外侮，足以自立于地球上"的詹天佑。

有责任心，是面对失败，坚强屹立、不畏挫折的意志。有责任心的人，敢于披荆斩棘，风雨无阻，勇于直面困难，从零开始。

所以，司马迁的《史记》千古传承；詹天佑造出属于中国自己的铁路；鲁迅才会写出那一篇篇犀利的文章；中国女排才会获得"五连冠"。

责任心是发愤图强的基础，没有责任心，发愤图强也只会是海市蜃楼。

没有责任心哪来大唐的"贞观之治"；没有责任心，哪来卧薪尝胆的成功；没有责任心，哪来马克思《资本论》的光耀后世；没有责任心，哪来用21年心血换来的李时珍的《本草纲目》；没有责任心，哪来繁荣富强的今天……

任何小事都是大事。集小恶则成大恶，集小善则为大善。培养良好的道德，是从尊敬教师开始的，是从那很小很小的事开始的。

【案例1】

一次海难事件中，幸存者8人挤在一只救生艇上，在海上漂荡了8天，仅有的淡水是半瓶矿泉水。每个人都恶狠狠地盯着那小半瓶矿泉水，都想立刻把它喝下去。船长不得不拿一杆长枪看着这半瓶水。坐在船长对面的是一名50岁的秃顶男人，他死死盯着那半瓶水，随时准备扑上去喝掉那仅剩的救命水。当船长打盹的一瞬间，秃顶男人猛然扑上去，拿起水就要喝，被惊醒的船长拿起长枪，用枪管抵着秃顶的脑门命令道："放下，否则我开枪了。"秃顶只好把水放下。船长把枪管放在矿泉水的瓶盖上，盯着坐在对面的秃顶，而秃顶仍眼睛不离那瓶决定众人命运的半瓶水。双方就这样对峙着。后来船长实在顶不住了，昏了过去。可就在他昏过去的一瞬间，他把枪扔到了秃顶的手里，并且说了一句："你看着吧。"

原来一心想要自己喝掉那半瓶水的秃顶，枪一到他手里，他突然感到自己变得伟大了。接下来的4天，他尽心尽力地看着那剩下的半瓶水，每隔两个小时，往每个人嘴里滴两滴水。到第四天他们获救时，那瓶救命的水还剩下瓶底部分一点水，他们8人把这剩下的水起名为"圣水"。

【分析】

责任心来自人的自我价值，一个人要是觉得自己活着毫无意义，他也就放弃了责任，甚至会放弃生命；一个人要是觉得自己非常有价值，充满了使命感，他对自己的人生的态度也会发生变化。某种程度上说，责任心就是做人的态度。当枪一到“秃顶”的手上，他突然感到自己变得伟大，责任心就从他心中产生了。而后他出色地完成了使命，半瓶水拯救了8人的性命。

【案例2】

一位名叫吉埃丝的美国记者来到日本东京，她在奥达克余百货公司买了1台唱机，准备送给住在东京的婆婆家作为见面礼。

售货员彬彬有礼、笑容可掬地特地挑了1台尚未启封的机子给她。然而回到住处，她拆开包装试用时，才发现机子没装内件，根本无法使用。吉埃丝火冒三丈，准备第二天一早即去百货公司交涉，并迅速写了一篇新闻稿“笑脸背后的真面目”。

第二天一早，一辆汽车赶到她的住处，从车上下来的是奥达克余百货公司的总经理和拎着大皮箱的职员。他俩一走进客厅就俯首鞠躬、连连道歉，吉埃丝搞不清楚百货公司是如何找到她的。那位职员打开记事簿，讲述了大致经过。

原来，昨日下午清点商品时，发现将一个空心的货样卖给了一位顾客，此事非同小可，总经理马上召集有关人员商议。当时只有两条线索可循，即顾客的名字和她留下的一张美国快递公司的名片。据此百货公司展开了一场无异于大海捞针的行动，打了32次紧急电话，向东京的各大宾馆查询，没有结果。

于是，打电话到美国快递公司的总部，深夜接到回电，得知顾客在美国的父母的电话号码，接着打电话到美国，得到顾客在东京的婆家的电话号码，终于找到了顾客的落脚地。其间共打了35个紧急电话。

职员说完，总经理将1台完好的唱机外加唱片1张、蛋糕1盒奉上，并再次表示歉意后离去。吉埃丝的感动之情可想而知，她立即重写了新闻稿，题目就是“35个紧急电话”。

【分析】

如果没有责任意识，就不会有“35个紧急电话”，就不会有这样大海捞针的行动，就不会有及时改正错误的机会。今天的市场竞争，从某种意义上讲，就是责任感的竞争。个人和公司都是一样，良好的责任心、责任意识才能做好事情，服务好社会。

认知：

理解：

| 做件什么事 | 怎么做的 | 做中的感悟 |
| --- | --- | --- |
| | | |
| | | |
| | | |

准备：

学会做：

## 常给孩子承担责任的机会

### 1. 要求孩子对自己的事情负责

从小就严格要求孩子不能依赖父母，凡是自己能做的事，如穿衣、吃饭、洗脸、洗手巾等，都该自己去做。孩子只有从小就养成了对自己的事情负责的良好习惯，才有可能逐步学会对父母、伙伴、教师和家庭等有关的人和事负责。

### 2. 让孩子做些力所能及的家务

培养孩子学习、吃饭、穿衣习惯，就要给孩子添置些小巧的扫帚、铲子、水壶、抹布等，好让孩子做力所能及的扫地、擦桌椅、浇花、喂小猫等家务事。如父母洗脚时，要孩子把拖鞋拿来；吃饭时，让孩子给爷爷奶奶端饭等。

在孩子做这些事时，要给孩子讲清楚：父母对他的衣食住行等问题负责，孩子也有责任做些力所能及的家务。

### 3. 给孩子承担责任的机会

孩子们第一次单独做事难免让人不如意，这是正常的。一杯好喝的饮料洒了，孩子只能少喝甚至不喝，这是孩子完全能承担的，父母就不要重新再给孩子一杯；收拾桌子时孩子打碎了碗，让孩子自己收拾，这是孩子能做到的。父母只给予提示：小心，别划破手即可。孩子做事时父母只在必要时提供适当的帮助即可，绝不是全部包揽。这样一来，孩子在承担后果的过程中就会逐渐明白：在任何时候，都必须对自己做过的事承担责任。

### 4. 让孩子树立责任意识

有的父母只要求孩子把学习弄好就可以了，孩子什么都不做，父母也视为理所当然。他们认为孩子学习忙，上课很累。另外现在孩子也少，父母们认为家务事有父母做就算了。这种观念使孩子从小就没有对家庭负责任、尽义务的意识。所以我们听到一些父母说老人病了，甚至爸爸妈妈病了，孩子也不关心，该做的也不做。如果要孩子去医院看望病人，他会说“我去有什么用啊，我又不是大夫之类”的话，实际上人也应该有精神上、道义上的责任。这与你是不是医生，是否懂得医学没有关系，它是一种感情，是一种精神上的责任和义务。但是有的孩子会说：“我学习很忙，我没有时间去”，这是因为他从小就没有建立起精神上的责任感、道义感。

## 5. 培养责任心的新模式

责任心靠培养、教育和励志的方式来达到目的，这种模式为感性模式。但在当前社会中，各种责任问题泛滥，责任心在问题和事故后，并没有给人们启发和借鉴。

责任心概念需要新的认知。理性责任概念创始人方志良先生提出了新的责任范式和模型，他把责任分为四个维度，这四个维度涵盖了责任心的所有范畴，它们分别为：角色责任、能力责任、义务责任和原因责任。

为什么需要理性责任？现实生活和学习与工作中，人们往往容易对待责任采用两个极端：

过于感性，或者说过度运用价值理性来对责任心进行施教，由于缺乏理性引导，容易产生空洞和教条的负面效果；过度依赖规矩，导致孩子对责任产生抵触和逆反心理，通常表现为工具理性运用的过度。理性责任矩阵通过对责任的约束和驱动的内因分析，划分出责任的管理两种模式：一种是价值理性；另一种是工具理性。

通过两种理性的有效结合，可以很好地解决传统责任心无法解决的问题。新的责任范式帮助人们更加直观认识责任心的真正内在含义，相关内容可以查阅百度百科：理性责任、4R4P、角色责任等介绍。

【案例1】

晋代有个人叫朱冲，他从小就待人宽厚，特别有智慧，但由于家境贫寒，没钱上学读书，只好在家种地放牛。隔壁有个人心地很坏，平时好占便宜，三番五次地把牛放到他家的地里吃庄稼。朱冲看到后，不但不发脾气，反而在收工时带一些草回来，连同那吃庄稼的牛，一起送回主人家，并说："你们家里牛多草少，我可以给你们提供方便。"那家人一听，又羞愧又感激，从此再也不让牛去糟蹋庄稼了。朱冲的待人厚道，赢得了乡邻的一片赞扬。

【分析】

理性责任是理性地看待自己对他人的价值。朱冲看到自己对隔壁邻居的价值，若是对方的牛被自己赶走、甚至打伤，虽然维护了自己的利益，但是却给邻居带来巨大的损失，那么不但会使唤邻里之间闹矛盾，还可能结仇。朱冲不但没有赶走对方的牛，还带一些草回来，连同吃庄稼的牛，一起送回主人家，主人感恩，反而不会再让牛去糟蹋庄稼了。朱冲感受到自己对隔壁邻居有理性责任，而隔壁邻居也羞愧感激，感受到自己的理性责任，从此再也不让牛去糟蹋庄稼了。

【案例2】

小王和小李同时受雇一家公司，拿着同样的薪水，可是一段时间后，小王青云直上，而小李却仍在原地踏步。小李很不满意老板的不公正待遇，终于有一天，他到老板那儿发牢骚了。老板一边耐心地听着他的抱怨，一边在心里计划着如何向他解释他们之间的差别。

"小李，你去集市看看早上有什么卖的东西？"小李回来向老板汇报说今早集市上只有一个农民拉了一车土豆在卖。

“有多少？”老板问。小李又跑到集市上回来告诉老板说有40袋土豆。

“价格多少？”小李第三次赶到集市问来了价格。

老板说：“好吧，你看看小王怎么做的。”

小王很快从集市上回来向老板报告说：“到现在为止只有一个农民在卖土豆，一共40袋，价格是多少，土豆质量不错，他带回来一个让老板看，这个农民一个钟头后还会运来几箱西红柿，据他看价格非常公道。昨天他们铺子里的西红柿卖得很快，库存不多了。他想这么便宜的西红柿老板肯定会要一些，所以他把那个农民也带来了，现在外面等回话呢。”

此时，老板转向小李：“现在你知道为什么他的薪水比你高了吧。”

【分析】

良好的责任心，就是要为别人设想，而不是别人提了要求就做一点，要尽量帮助别人把事情做好，这就是责任心。案例中的小王，总能站在老板的角度，把事情想细致，想全面，帮助老板把事情做好，为之考虑到各种需要。

认知：

理解：

| 做件什么事 | 怎么做的 | 做中的感悟 |
| --- | --- | --- |
| | | |
| | | |
| | | |

准备：

学会做：

## 培养责任心的策略

### 1. 鼓励孩子独立思考

在家庭里采取民主的态度，鼓励孩子独立思考，允许孩子表达自己的观点和看法，有利于孩子形成责任心。比如，娇惯或过度保护孩子，让孩子从小养尊处优、自私自利、为所欲为，孩子成年后就会缺乏对社会和对他人的责任心。用绝对服从的教育方式，只能培养出唯命是从、毫无主见、不敢负责的人。

**2. 培养孩子有爱心**

关心他人、善待他人是培养孩子对家庭和社会的责任心的基础。

要求孩子主动关心老人、病人和比自己小的孩子。如父母生病的时候，让孩子学会照顾父母、让孩子知道父母的生日，鼓励孩子给父母送上一份生日礼物等。

**3. 让孩子信守诺言**

从小培养孩子说话算数的习惯，无论做出什么许诺，都要尽可能地实现，如果不能实现的话，一定要向孩子说明。告诫孩子不要轻许诺言，一旦许诺，就必须遵守。

**4. 给孩子战胜沮丧的信心**

孩子的认知水平和能力是非常有限的，孩子在独立做事时，常常心怀良好的愿望，当事情的结果与自己预料的反差太大时，常常不能接受，有时可能还会不知所措地叫喊、发脾气等，这种叫喊、发脾气是孩子冲自己发的，父母不必在意，但是，父母要明白：此时孩子自信心已经开始动摇，感到沮丧或者判断力开始消失。

父母应平静而温和地告诉孩子：你已经尽力了，做得很棒了，我相信你以后不会再犯这样的错。父母这种平静，足以唤起孩子战胜沮丧的信心。

### 5. 不要打击孩子的积极性

当孩子要求自己做时，当独立做的过程中遇到困难时，当做的结果令人满意时，父母都要热情地鼓励，适当地帮助，切忌埋怨、指责、讽刺、打骂孩子。

### 6. 要允许孩子犯错误

很多父母只考虑到怎么样让孩子越来越好，而不能接纳孩子犯的错误。孩子在成长的过程中可能会犯很多错误，父母要允许孩子犯错误。

孩子犯错误，并不是故意的。他如果能够把错误摆在父母面前，反而是个好孩子，父母应该要求孩子说实话，要保持泰然自若的态度，让孩子对自己所造成的结果负责。

### 7. 常常让孩子“反省自身”

孩子在分析问题时，往往只分析别人的原因，不考虑自己的过错，这与父母的教育有很大关系。

有的父母认为自己总是对的，从来都不认错，也没有习惯向孩子做检讨，这就会影响孩子，孩子就会在父母身上学到这种从来都不认错的习惯。

还有的父母发现孩子有不足之处时，把责任推给教师，如功课不好是教师没有教好等。

要解决孩子责任心的问题，就要从父母自身做起。

如果父母说错了话，冤枉了孩子，父母一定要和孩子说清楚，一定要从自己身上去检查、反思，不能每次都是孩子的错、别人的错。

遇到问题时，父母要教会孩子分析过失、对错，知道在一件事情中自己应该负什么样的责任，并为孩子做出了榜样。

## 8. 要给孩子树立负责任榜样

孩子责任感的形成过程是在人际交往中观察、模仿他人责任行为的过程。父母是孩子经常接触、观察、学习、模仿的对象。

父母的行为对孩子的影响最深，父母的责任感会通过生活中的一件件小事，点点滴滴传递给孩子。

责任感是有价值取向的。孩子在接受价值观念时，首先是看教育者——父母自身的言行是否符合这些价值观。父母应该用自己良好的道德去浇灌孩子的责任心。

## 9. 要让孩子正确认识自我

责任感是有价值取向的。它是与人们的自信心、进取心和崇高的人生理想紧密联系在一起的。

【案例1】

有位母亲谈起这样一件事："前些日子，老母亲患脑梗中风了。在病重期间我和姐妹们日夜陪伴照料母亲，她大小便失禁时，我们不怕脏不怕臭，为她端屎端尿，这一切孩子都看在眼里……"

前几天我患重感冒卧病在床，孩子放学回家一见忙问："妈怎么了，不舒服吗？"。

不一会儿，她拿了药端着茶，像个小医生似的。

我吃了药睡了一会儿，醒来一看孩子站在我的床边轻声问：“妈，你好点了吗？想吃饭吗？”

我说：“饭都没人做，吃什么？”她说：“你起来尝尝我为你做的饭吧！”。

这顿并不可口的饭菜却使我永远难忘。

我问：“你今天为什么这样能干？”她回答说：“您照顾外婆的时候为啥不怕累、不怕脏呢？”

我说：“这是我们做晚辈的义务。”她说：“对啊，我也应该这样的。”

后来我告诉她：不管你做什么事，只要你态度端正了，那就够了，结果并不重要。可是反过来想想，一旦孩子态度端正了，做任何事还能差到哪里去呢？

【分析】

父母的言传身教比什么都重要，孩子责任心的培养不是在说教中产生，而是在感恩中产生，在穷养中产生。让孩子感恩，就要让孩子看到父母是如何感恩的，父母对待长辈的态度，会成为小孩子无形中模仿的对象。案例中，作者对父母的态度，就被孩子学去了，孩子对家庭的责任感、对社会的责任感，都是在家庭生活中和与社会的接触中吸取有价值的、宝贵的营养而形成与发展起来的。

【案例2】

一个聪明伶俐的小女孩十分好奇地问保姆：“阿姨，是剩饭好吃还是新饭好吃呢？”阿姨说：“当然是新饭好吃啦。”这位小姑娘顿时噘起了小嘴巴，对阿姨表示出极大的不满。她说：“为什么剩饭总是你吃，不让我们沾边呢？”阿姨苦笑着说：“回头让你尝尝剩饭、剩菜的味道。”

小姑娘尝过剩饭后对阿姨说：“阿姨，你说得对，剩饭难吃死了，青菜成了烂泥，剩面成了糨糊，剩馒头啃也啃不动，还有股馊味，旧稀饭寡汤淡水咽不下去……以后我再也不吃剩饭了。”

这位阿姨刚想借机教育孩子几句，想不到孩子居然漫不经心地说：“以后剩饭还归阿姨你吧！”阿姨听后，好一阵心酸难过，心想：“这样长大的孩子，如何会爱别人，怎么会有责任心呢？”父母只知道疼孩子、爱孩子，却失却了教育孩子的责任。

【分析】

把好的留给自己，坏的留给别人去吃，父母要看到孩子贪图享乐，对孩子的爱心培养极为不利，对他的责任心也有极大的伤害。因此，要培养孩子的责任心，就要让孩子不能为小恶，不能贪图享乐，这样责任心才能建立起来（图2）。

认知：

理解:

| 做件什么事 | 怎么做的 | 做中的感悟 |
| --- | --- | --- |
| | | |
| | | |
| | | |

准备:

学会做:

## 本章复盘

◎ 小问题

回答下面的问题，帮助你理解敢于担当能力培养在家庭教育中的必要性。

1.让孩子有“责任心”的培养的目的是什么?

2.孩子“责任心”培养首先要做到什么？

3.孩子“责任心”培养的步骤是什么？

4.孩子“责任心”培养有哪些要注意的环节？

5.孩子“责任心”培养有什么效果和表现？

6.孩子“责任心”培养和掌握知识应该如何区别？

7.孩子“责任心”培养的方式不同，效果有什么不一样？

8.生活中孩子“责任心”培养的问题有哪些？

## 如何做更好的家长

◎收起你的懦弱，摆出你的姿态，培养孩子“责任心”，不要打击孩子的积极性！

◎就算周边的人（含家庭成员）都否定孩子，你也要相信孩子，不要管别人的看法。

◎很多事是依靠责任心的，要相信，世上本没有做不到的事，只有没有责任心，才会做不成事。

◎不管孩子如何，都可能不被欣赏，总有人认为他不够好，不管别人怎么看，你都不能不注意培养孩子“责任心”！

## “管理好自己”思考题

【反向思维】

◎孩子“责任心”培养没有用，孩子就是不愿意学习！

◎孩子“责任心”培养孩子到位了，孩子还是不好好学！

◎对孩子“责任心”培养不到位，反而被别人瞧不起！

【正向思维】

◎孩子“责任心”培养之后，家庭和睦了！

◎孩子“责任心”培养之后，孩子的能力提高了！

◎孩子“责任心”培养之后，父母与孩子相处更融洽了！

◎孩子“责任心”培养之后，父母与孩子的误会没有了！

## 与心对话

每日一问：

家庭生活中总有一些磕磕绊绊，很多事情都需要对孩子进行“责任心”培养，你面对这些问题是怎么解决的？你身边的家庭又是怎么处理的？

请将在家里看到的记录下来：

陶行知说：我们从事乡村教育的同志，要把我们整个的心献给我们三万万四千万的农民，我们要向着农民“烧心香”。我们心里要充满那农民的甘苦。我们要常常念着农民的痛苦。

# 敢于担当能力的培养

- 陶行知经典故事
- 什么是“过失”
- 打骂是孩子反叛的摇篮
- 孩子产生不当行为的诱因
- 发现孩子的过失要及时纠正
- 要做好孩子的人生“导航”

## 陶行知经典故事

陶行知有一句名言："千教万教教人求真，千学万学学做真人。"他希望自己的学生除了在学业上不断进步，还要多学本领，追求真理，成为国家需要的人才。

在育才学校，学生们每天上午上文化课：语文、外语、数学、哲学。下午上专业课：文学、音乐、戏剧等，还要进行劳动、军事训练和社会调查，日程总是排得满满的。

有一段时间，有的学生厌烦了这样紧张的生活，在自习时间偷偷地打扑克。老师发现了，上前劝阻，他们还说这是"有劳有逸"。

一天晚上，陶行知走过男生宿舍，顺便进去看看，正赶上有七八个男生在打扑克，玩得很带劲。

陶行知没作声，站在旁边看着。一个同学突然发现了陶校长后急忙推旁边的同学，几个人慌忙放下扑克，羞愧地站起来，低着头等着挨批评。陶校长一句话也没说，沉默了一会儿就转身走了。

第二天，陶校长在全校会上讲述了抗日战争形势后，问："抗日需要人才，将来建国需要人才，你们难道可以浪费自己的时间吗？你们有多少本领要学啊！我要你们自觉地把扑克牌交出来，像烧鸦片烟一样地把它烧掉！要知道，时光是最可宝贵的。"孩子们低着头，把一副副扑克牌放在台上，堆成一垛。

陶校长用火柴点燃了牌，又温和地对孩子们说：“有人说‘有劳有逸’，‘逸’就只能玩扑克？你们可以练琴、写诗、作画，也可以打球、下棋……只有多学一点本领，将来才能建设国家。时光可贵，一去不回啊！”从此，学生们都珍惜时间，勤奋学习了。

## 什么是“过失”

所谓过失，是指在一定条件下缺少应具有的合理谨慎而犯的错误。如评价过失，以相同条件可做到的为标准。当过失给他人造成损害时，应负过失责任。通常将过失按其程度不同分为普通过失和重大过失两种。

### 1. 普通过失

普通过失（也有的称“一般过失”）通常是指没有保持职业上应有的合理谨慎。普通过失是指没有完全遵循道德准则的要求。如没有按要求取得必要的证据就出具报告的情况，可视为一般过失。

### 2. 重大过失

重大过失是指连起码的职业谨慎都不保持，对重要的业务或事务不加考虑，满不在乎，没有遵循准则或没有按基本要求执行。

### 3. 共同过失

即对他人过失，受害方自己未能保持合理的谨慎，因而蒙受损失。如未能提供必要的信息，反而又控告他人，这种情况可能被判定为共同过失。父母要及早避免孩子由“过失”产生的犯罪，应当预见危害结果发生，避免危害结果发生。

【案例】

有一次母亲带着列宁到姑妈家中做客。小列宁把姑妈家的一只花瓶打碎了。于是，姑妈问孩子们：“是谁打碎了花瓶？”小列宁因为害怕受姑妈批评，便跟着其他孩子一起说：“不是我！”然而，母亲猜到花瓶是淘气的小列宁打碎的，因为这孩子特别淘气，在家里经常发生类似的事情。但是，小列宁向来是主动承认错误，从未撒过谎。她装出相信儿子的样子，一直没有提起这件事，而是给儿子讲诚实守信的美德故事，等待着儿子能主动承认。

有一天，小列宁突然在妈妈讲故事时失声大哭起来，痛苦地告诉妈妈：“我欺骗了姑妈，我说不是我打碎了花瓶，其实是我干的。”听到孩子羞愧难受地诉说，妈妈耐心地安慰他，告诉他只要向姑妈写信承认错误，姑妈就会原谅他。

于是，小列宁马上起床，在妈妈的帮助下，向姑妈写信承认了错误。从此以后，列宁再没有说谎，长大以后，他也通过诚信这可贵的品质获得了人民的支持。

【分析】

小列宁这个故事我们都看过，每个人都会在人生的不同阶段有些小过失。对待自己的过失要勇于认错，积极改正，还是一个好孩子。面对过失，逃避、推诿，都是不对的。

认知：

理解：

| 做件什么事 | 怎么做的 | 做中的感悟 |
| --- | --- | --- |
| | | |
| | | |
| | | |

准备：

学会做：

## 打骂是孩子反叛的摇篮

中国有句老话："棍棒底下出孝子。"意思是父母在教育孩子的时候一定要严格管教，这样才能教育出孝顺懂事的孩子。实际上，打骂孩子解决不了孩子实质的问题。

打骂往往会对孩子的成长起到反作用，尤其是那些年纪尚小的孩子，过度的惩罚会给他们幼小的心灵造成严重的伤害。

美国著名心理学家、教育家简·尼尔森指出父母错误惩罚孩子，孩子会用四种方式"回敬"父母，这就是打骂孩子产生的不良后果：

### 1. 愤恨

我们可以回忆下我们小时候发生的事情，当父母过度惩罚自己时，是否对父母的行为产生过愤恨的心理？是否难免产生一些负面的情绪，甚至愤恨父母当时的所作所为？现在面对我们自己的孩子，他（她）至少会有"不公平或不相信你"的想法，这种想法如果处理不当，很可能就会引发"愤恨"。

### 2. 报复

这里的报复包含很多，不只是报复父母，不少孩子在被父母错误惩罚之后，会做出一些反常的行为，比如："损坏自己的文具，撕毁自己的课本等行为"或"这回你们赢了，下回我要扳回来！”的想法。这种做法和想法就是一种爆发和潜在的报复。

**3. 反叛**

这种情况多出现在处于青春期的孩子身上，一旦被父母责罚打骂，就会很容易出现反叛心理，偏要对着干，证明正确的并不一定必须按父母要求去做等。这种情况在任何时间、任何地点都屡见不鲜。

**4. 退缩**

孩子在做错事情并且被惩罚之后再遇到相似的问题时，会因之前父母过度的惩罚变得缩手缩脚。经常被过度错误惩罚的孩子，在与父母相处的时候，也会出现退缩的情况。如偷偷地心想：我下次绝不让你们抓到，或者从心里认为自己是个坏孩子。

【案例】

20世纪90年代初的一个夏天，中国的孩子和美国的孩子组成一个夏令营队登山，美国的孩子们已经欢快地登上山顶扎营安寨埋锅造饭啦，而中国孩子们连山也爬不上去，围坐在半山腰上抱着营旗呜呜呜地哭呢！美国领队得意地说：你们的下一代不是我们下一代的对手。

【分析】

试想：中华上下五千年，历史悠久，美国仅建国二百多年，却比我们强大，这是为什么？专家调查结果是：美国是能力社会，有能力走遍天下，没能力寸步难行；我们呢？几千年来，一直沉睡在权力的保驾上，有权力走遍天下，没权力寸步难行。如今我们也要求把权力关在笼子里，亲爱的爸爸妈妈！如果我们的下一代再如此下去，恐怕是真的国将不国了。所以，我们的家长一定要在教育子女的误区中走出来，采取正确的方法教育我们的后代，多培养孩子的能力。

认知：

理解：

| 做件什么事 | 怎么做的 | 做中的感悟 |
| --- | --- | --- |
| | | |
| | | |
| | | |
| | | |

准备：

学会做：

## 孩子产生不当行为的诱因

孩子的不当行为通常是因为他们拥有一个错误的观念：寻求过度关注、寻求权力、伺机报复、自暴自弃。

（1）寻求过度关注。孩子有尽其所能寻找归属感的天性。他们只有在得到你的关注时，才有归属感。

（2）寻求权力。当我说了算或至少不能由你对我发号施令时，我才有归属感。

（3）寻求报复。我得不到，至少也能让你受到伤害。

（4）自暴自弃。在你这里我不可能有所归属，我放弃。

【案例1】

有一个孩子，当妈妈在做事的时候，反复过来打扰，一会儿要你抱抱、一会儿说自己饿了，再不就是要掺和到妈妈正在做的事情中，一开始你还会耐心解答、哄劝，但孩子暂停片刻后又会过来不断地打搅你，此时你的情绪会怎样？你会觉得很烦、恼怒，当你觉得很烦的时候，孩子其实是在寻求你的关注，他想表达的是“请你关注我，让我参与，并且发挥作用”。

当妈妈要求孩子停止看电视时，孩子说“不”，妈妈若命令孩子不许再看，甚至强行关掉电视时，孩子嘴上不说，心里也会想：“看电视有什么错吗？我就要看电视”“不让我看我就不写作业”等，此时，妈妈得到的是什么呢？是孩子愤怒，是自己的权威受到无形的挑战。

当妈妈觉得不开心时，孩子也在寻求权力，希望在家里自己能说了算，这种行为的背后是：“请给我选择，让我做主。”

当妈妈不经意拿自己的孩子跟别人比较的时候，或者说了一些过激的话，孩子认为妈妈伤害了他，进而会报复说“妈妈还好意思说我，看看自己，就是个家庭妇女”或者说“我真想不通我爸怎么还不跟妈离婚呢”。

【分析】

此刻，做妈妈的情绪又会怎样呢？是觉得受伤、失望和难以置信，对吗？当妈妈觉得受伤的时候，孩子其实是在寻求公平和公正，他真正想要说的是：“我很伤心，请你认可我的感受。”

当孩子背一首古诗怎么都背不会，两个小时了还没结果，孩子委屈地哭了，一边哭一边说“我不要背了，我就是比别人笨，怎么都背不会，我不要去上学了”，你在一旁心如刀绞，此刻你一定会觉得很无助，无能为力，甚至有些绝望。

当你觉得无助的时候，其实是孩子的技能、能力出了问题，他真正需要的是“不要放弃我，让我看到如何迈出一小步”。

【案例2】

有一个五年级的学生，因为喜欢“拿”同学的东西，屡教不改，到心理咨询处咨询。咨询老师为了保护他，没有提他喜欢“拿”同学东西的事儿。

几次咨询之后，他告诉老师：“我特别喜欢和您聊天，老师。”老师问：“在家里没人和你聊天吗？”他说：“没有。”老师问：“你妈呢？”他说：“我妈太忙，做生意，整天盯在店里，赚钱。”老师问：“你爸呢？”他说：“太懒。每天8点上班，10点出门都算早的，只要在家，就在床上躺着。”

经过交谈老师发现：他喜欢“拿”同学东西的原因是在家里得到的关注太少。

【分析】

一些孩子有不当行为，只是因为对他的关注少，他需要被关注、需要爱，他就会主动去寻找外界的关注和联系，往往在这个过程中，他会做一些意想不到的不当行为，有的是有意的，有的就是无意的。父母对待这些孩子，要仔细分辨，找到他们不当行为的原因，帮助孩子矫正不当行为。

认知：

**理解:**

| 做件什么事 | 怎么做的 | 做中的感悟 |
| --- | --- | --- |
| | | |
| | | |
| | | |
| | | |

**准备:**

**学会做:**

## 发现孩子的过失要及时纠正

孩子的种种过失行为，一般都是有原因和动机的，父母有必要了解和确定孩子发生过失的原因和动机，以便正确引导和教育。

直截了当地询问孩子未必奏效，因为过失不是孩子一下子说不清楚，就是根本不愿意说出来。因此，父母一定要掌握询问的技巧。

矫正孩子的过失有三种比较有效的方法：

（1）承认。让孩子确认自己确实犯了一个错误。

（2）和好。向孩子道歉，指出犯错误的原因不全在孩子，自己也有责任。

（3）解决。从中吸取教训，一起来解决问题。例如，“孩子打破了茶杯”“和同学打（吵）架”这样的错误，父母就要经过分析后，再提出批评。比如，为什么会打碎茶杯？是有意打碎的，还是不小心打碎的？为什么要同小伙伴打（吵）架？是经常与小伙伴打（吵）架？打（吵）架的对象多不多？……这些问题只有靠仔细观察和分析，才能做到心中有数。

当孩子发生过失行为后，如果需要当面探究原因和动机时，父母的态度要和蔼，语气要婉转。比如，孩子打碎茶杯了，父母可以这样问：“小手没有拿牢杯子对不对？”当孩子与小伙伴打（吵）架时，父母可以这样问：“你俩不是好朋友吗？怎么这会儿打（吵）架啦？”

在这种情况下，孩子一般会说出个所以然来。不管孩子的理由对不对，父母都应该心平气和、耐心地听取他们的陈述，这样有助于了解孩子发生过失行为的真实原因和动机，以便弥补观察、分析之不足。

孩子发生过失行为之前和之后，必然会有一些思想活动和感情变化，父母要站在孩子的立场上，设身处地地为孩子考虑一些问题。这样不但能使孩子感到父母理解他们，也能使父母体悟到可能由于自己的某些忽略而造成孩子的过失，如平时对孩子关心不够、对孩子的合理要求没有满足等，从而导致孩子发生过失行为。

一般地讲，通过以上方法，比较容易正确地发现和确定孩子发生过失行为的真实原因和动机。父母在了解孩子发生过失行为的原因和动机后，更重要的是要通过一定的方法予以改变和纠正。

首先，父母要巧妙地点出孩子发生过失行为的原因和动机。例如，胡闹是由于嘴馋，父母可以对孩子说："是不是嘴又馋了？"如果猜对了，孩子有时就会给你一个淘气的微笑；如果没有猜对，孩子就不会有反应，父母就应该继续搞清真实原因和动机。搞清后，父母可以继续予以点出，直至点对为止。

如果父母没有摸清孩子过失的原因和动机，或者虽然摸清了，但不点出来，孩子的过失防线就不会瓦解，对孩子的教育就会失去作用。

其次，在点出孩子过失的原因和动机后，父母应该有针对性地采取带有教育性的措施。

在教育孩子的过程中，就事论事，不要强令"以后不许这样"或"再这样就揍你屁股"，这样虽然能暂时制止过失行为的再度发生，但孩子心理不会服气，只要有条件，过失行为会再度发生。

父母应实事求是，对于孩子合理的要求要想法满足。如孩子要求多听故事，父母就应该尽量抽时间多给他们讲故事。对于孩子不合理的要求，父母则应引导其放弃，不正当的行为应该劝说其改正。

为纠正孩子的过失，父母可以有针对性地给孩子讲故事，引起他们的思索，悟出一些浅显的道理，以树立孩子正确的观念。当然，也可以批评，要求孩子改正缺点，但不管采取何种方法，都必须注意：

### 1. 态度谦和

父母只有用平静、爱护的口气和孩子说话，孩子才能在心理上与父母接近。如果父母盛气凌人，甚至怒气冲冲，孩子就会在感情上惧而远之，这是不利于孩子接受教育的。

### 2. 把握时机

父母对孩子的引导和教育要适时，有时可以在过失行为发生后立即进行，如孩子与小伙伴吵架了，父母就要及时劝说、引导，甚至批评。有时可以过一段时间后，待孩子心情好转时再对其进行教育。

### 3. 通俗简洁

父母对孩子讲道理是纠正孩子的某一过失行为，父母不要用深奥的道理要求，要尽量“举一反三”“触类旁通”教育和引导孩子的语言要通俗简洁，切忌喋喋不休，以免引起孩子的反感。

### 4. 要求适度

父母纠正孩子过失行为的要求开始不宜过高，不能寄希望于一劳永逸，更不要力求孩子发生奇迹般的转变，只要孩子在每次引导和教育时能懂得一些道理就足够了。

生活中孩子反复发生过失行为是正常的，只要引导和教育持之以恒，定会取得良好的效果。

### 5. 力戒成见

对于孩子发生的过失行为，即使屡教不改，父母也不能抱有成见，认为孩子不可救药。因为父母这样做，很容易使孩子幼小的心灵受到伤害，就会从反面强化过失行为的动机，而这是最不利于孩子健康成长的。

孩子发生这样或那样的过失行为是可以理解的，父母不必大惊小怪，只要父母正确地对待，灵活地处理，孩子的过失行为就会逐渐减少，就会逐渐养成良好的品格。

【案例1】

小张的女儿4岁那年，朋友出差，把她4岁的女儿小晨托小张照顾。

小张让孩子们到卫生间洗手，过一会儿，听到卫生间传来了哭声，小晨跑来告状，说小张的女儿往她身上浇水。

小张把她们带回房间，问明情况后，小张先让小晨脱下湿漉漉的衣服，又让女儿脱下自己的衬衫。

小张拿起小晨的湿衣服给自己女儿穿上，让小晨穿自己女儿的衣服，然后叫她们坐到地毯上，听小张讲故事。

讲完故事之后，小张问女儿，穿着湿衣服冷不冷，舒服不舒服。女儿一个劲地摇头。小张对女儿说，你想一想，小晨穿着这样的衣服会是什么感觉呢？女儿难为情地低下头。

事后女儿主动向小晨道歉，并拿出自己最心爱的玩具和小晨玩。

【分析】

对孩子最好的教育是生活教育，家长有时候讲道理效果反而不好，通过让孩子亲身体会生活的教训，就能明白自己行为的不正确。案例中小张让女儿自己穿湿衣服，使女儿明白，把别人的衣服弄湿是不对的。

【案例2】

美国一位12岁的小男孩正与他的小伙伴玩足球，一不小心小男孩将足球踢到了邻近一户人家的窗户上，一块玻璃被击碎了。一位老人立即从屋里跑出来，勃然大怒大声责问是谁干的。伙伴们纷纷逃跑了，小男孩却走到老人跟前低着头向老人认错并请求老人宽恕。然而老人却十分固执，小男孩委屈得哭了，最后老人同意小男孩回家拿钱赔偿。回到家，闯了祸的小男孩怯生生地将事情的经过告诉了父亲。父亲并没有因为其年龄还小而开恩，却是板着脸沉思着一言不发。坐在一旁的母亲总是为儿子说情开导父亲。

过了不知多久，父亲才冷静地说道：“家里虽然有钱，但是他闯的祸，就应该由他自己对过失行为负责。”停了一下，父亲还是掏出了钱，严肃地对小男孩说：“这15美元我暂时借给你赔人家，不过，你必须想法子还给我。”小男孩从父亲手中接过钱，飞快跑过去赔给了老人。

从此，小男孩一边刻苦读书，一边用空闲时间打工挣钱还父亲。由于人小，不能干重活，他就到餐馆帮别人洗盘子刷碗，有时还捡捡破烂。经过几个月的努力，他终于挣到了15美元，并自豪地交给了他的父亲。父亲欣然拍着他的肩膀说："一个能为自己过失行为负责的人，将来一定是会有出息的。"

许多年以后，这位男孩成为美国的总统，他就是里根。后来，里根在回忆往事时，深有感触地说，那一次闯祸之后，使我懂得了做人的责任。

【分析】

让孩子为自己的过失负责，这也是培养孩子做人的责任。责任从承担自己的责任开始，然后才是承担对父母、对未来家庭和对社会的责任。人的能力越大，责任也越大，人的能力越大，自我的价值感就越大，责任心就会越大。而培养孩子的责任心，就应该从培养他们的能力和自我价值感入手。让他们在自己的过失上，自己的日常生活中，承担责任，锻炼能力，培养自我价值感。

认知：

理解：

| 做件什么事 | 怎么做的 | 做中的感悟 |
| --- | --- | --- |
| | | |
| | | |
| | | |

准备：

学会做：

## 要做好孩子的人生“导航”

父母要为孩子的人生护驾保航，要想给孩子营造良好的家风，就先要从父母自身“修德”开始。

“道路有方向，水流有方向，生命的发展也有它的方向。”“有目标、有追求、有规矩、有责任担当的人生更为安全。”

“行车导航”能引导我们到达目的地，孩子的成长也需要“人生导航”，父母的行为就像孩子的“人生导航”，父母对孩子的人生做好引导，其行为起到榜样的作用，培养孩子做“有爱、自信、责任”的新人。

让孩子“行德向善”，父母必须做好表率作用。

在孩子成长的过程中，抓好时机播下善的种子。父母要做孝顺的人，树仁爱家风。

“孝”是人伦中最强大的善因组合。孝敬父母能产生积极向上的力量，世界上最强大的能量就是感恩，感恩父母就要做到孝顺。

一个人心中有多少恩，就有多少福；有多少怨，就有多少苦。

父母的行为是引领孩子健康成长、立志成才的导航。

道德教育是“首孝悌”，即从对父母的孝和对兄弟的友悌之心开始，培养一个人“泛爱众”的能力。孝的教育是在培养人的恩义、情义、道义。如果恩义、情义、道义的处世原则培养不起来，就会形成一种以利害为取舍的处世原则，这样的人往往就会做出见利忘义或者忘恩负义的事情。

孝的教育是维持良好社会伦理秩序的根本。要养成礼敬圣贤的好习惯，以增长智慧。

“德为至宝一生用不尽，心作良田百世耕有余。要修心、行道，注意积善，人生就是体道、悟道、得道、行道的过程。”父母的责任就是要让孩子的美德成为一种习惯。

要努力践行节制、寡言、遵守生活秩序、有决心、简朴、勤勉、诚恳、公正、适度、清洁、镇静、守贞节、谦虚

13种美德。

要养成良好的习惯：放松的习惯，良好的工作习惯，良好的睡眠习惯，胸襟开阔的习惯，勇于纠正错误的习惯，从容不迫的习惯，良好的运动习惯。

要不断读书，跟上时代的脚步。

要引导孩子去读书，阅读更能深入人心。古人云：子孙虽愚，诗书必读；读经传则根底深；看史书则议论伟；能文章则称述多；蓄道德则福报厚。

让孩子多读书，尤其是名著阅读。这是语文学习之根，也是孩子心智成长的关键之一。

孩子走进名著，博览群书，饱吸精神的“水分”“营养”“阳光”，就是在为长成参天大树储备丰富的生命能量。真正的教育改革是“变教为学，变被动为主动”。学生的真本事是会自学，有自主学习的能力，会读书，多读书，能写得一手好字，又能把自己所见所闻所想写出来，写得一手好文章。

日积月累的读书，让我们看问题更透彻。

一个人太长时间不读书，从他的言行中能看出来。只说不做是修德之人的耻辱，学习，不仅是坐下来倾听，更要站起来行走。

【案例1】

一个刚满3岁的孩子指出父亲的一个字念错了，和字典上的发音不一样，这位父亲顿时恼羞成怒说：“离你教我还嫩了点。”孩子不明白：父亲的眼睛为什么瞪得那么圆？为什么火气那么大？孩子吓哭了。孩子含着眼泪问妈妈：“我做错什么了吗？”

父亲在讲完一道数学题后，问还有另外不同的解法吗？孩子的思路的确和父亲的方法没有什么根本的不同，只是多绕了几个弯，想不到父亲居然奚落他：“纯粹是脱了裤子放屁。”惹得孩子哭笑不得，自尊心大受挫伤，从此说话做事小心翼翼，像变了一个人，学习成绩一落千丈。本来一个中上等孩子迅速沦为差生，最终没能考上重点学校。

【分析】

爱孩子是做父母的基本，善待孩子是父母的责任。好父母会让孩子感受到人生的无限美好，在他们稚嫩的心田播下善良的种子，在他们踏入社会后，他们会踏踏实实做事，认认真真做人，也许能力不同，成就有别，但至少会走正路，做好人；对孩子不能挖苦、讽刺，挖苦、讽刺孩子的父母是不称职的，会让孩子对社会、对人群缺乏起码的信任，继而孤僻、怯懦以至无所作为；有的父母甚至无端地凌辱自己的孩子，那太可怕了，会让孩子过早地领略到人性恶的一面，在孩子本来纯洁的心田埋下复仇心理，导致孩子最终的毁灭。

父母要做好孩子的人生“导航”，但很多父母却在孩子成长过程中，不断打击孩子，伤害孩子的自尊心，这不但不会像父母想的那样，可以帮助孩子改正自己，反而让孩子变得自卑。自卑的孩子会退缩，人生的舞台就缩小，成长就失去了一些重要支撑。因此父母应该多鼓励孩子，让孩子在错误中成长，在不优秀中成长。

【案例2】

在天安门前曾发生过这样一个情景：一位老外在看到中国人祖孙三代，老者穿得单薄陈旧，幼者穿得鼓鼓囊囊、漂漂亮亮，老外正惊奇地给他们拍照，我看在眼里，记在心里，上前同老外搭讪："你喜欢中国人，老人、小孩、三代同堂？"老外念念有词地说："不、不、不，我是看今天的中国人这样，二十年后的中国会是什么样子，年轻的中国父母们就这样悠哉游哉。今天的'小皇帝''小太阳'的地位远远高于父母，中国的父母真是幸福的苍白、丰富的贫困啊。"

听了老外的话我心里一阵酸楚，想把老外的话翻译给那"三代同堂"，可是，他们却因老外给他们照相而扬扬得意，没有办法只好远远地目视着这样的情景，好久、好久……

【分析】

这样的案例使我们不禁想起历史上曾有一个晋惠帝，有大臣向他启奏说灾民们没有粮吃时，这位从小生活在深宫内院的娃娃皇帝脱口而出："没有粮吃，为什么不吃肉？"

"没有饭吃"这样一个生存立命的大问题，在今天的孩子们眼里和当年的晋惠帝眼里一样几乎是不足挂齿的小事一桩。

是不是我们的教育问题呢（图3）？

认知：

理解：

| 做件什么事 | 怎么做的 | 做中的感悟 |
| --- | --- | --- |
| | | |
| | | |
| | | |

准备：

学会做：

# 本章复盘

## ◎ 小问题

回答下面的问题，帮助你理解敢于担当能力培养在家庭教育中的必要性。

1.敢于担当能力培养的目的是什么？

2.敢于担当能力培养首先要做到什么？

3.敢于担当能力培养的步骤是什么？

4.敢于担当能力培养有哪些要注意的环节？

5.敢于担当能力培养有什么效果和表现？

6.敢于担当能力培养和掌握知识应该如何区别？

7.敢于担当能力培养的方式不同，效果有什么不一样？

8.生活中敢于担当能力培养的问题有哪些？

如何做更好的家长

◎收起你的懦弱，摆出你的姿态，培养孩子敢于担当能力，要大胆地让孩子为过失埋单，不要打击孩子的积极性！

◎就算周边的人（含家庭成员）都否定孩子，你也要相信孩子，不要管别人的看法。

◎很多事是尊重出来的，要相信，世上本没有做不到的事，只有不尊重人，才适得其反。

◎不管孩子如何，都可能不被欣赏，总有人认为他不够好，不管别人怎么看，你都不能不注意培养孩子的担当能力！

“管理好自己”思考题

【反向思维】

◎敢于担当能力培养没有用，孩子就是不愿意学习！

◎敢于担当能力培养孩子到位了，孩子还是不好好学！

◎对孩子敢于担当能力培养不到位，反而被别人瞧不起！

【正向思维】

◎敢于担当能力培养之后，家庭和睦了！

◎敢于担当能力培养之后，孩子的能力提高了！

◎敢于担当能力培养之后，妈妈与孩子相处更融洽了！

◎敢于担当能力培养之后，父母与孩子的误会没有了！

与心对话

每日一问：

家庭生活中总有一些磕磕绊绊，很多事情都需要对孩子进行敢于担当能力培养，你面对这些问题是怎么解决的？你身边的家庭又是怎么处理的？

请将在家里看到的记录下来：

陶行知说：爱迪生幼年的故事，给了我两个深刻的印象：一是科学要从小孩学起；二是科学的幼苗要像爱迪生的母亲一样爱护才能保全。

# 让孩子从小就知恩图报

- 陶行知经典故事
- 知恩就要报答
- 用“真爱”点亮孩子的心
- 要让孩子看得到生活的艰辛
- 父母不要堆金愚儿女
- 不让财富成为孩子成长的绊脚石

## 陶行知经典故事

陶行知先生办的育才学校，招收了许多失去父母的孤儿，他以慈母般的胸怀、热情的关心爱护着孩子们。与此同时，对于革命的后代，他也是义不容辞地收留下来，加以保护并给以精心的培育。

有一位越南革命者的女儿，名叫慕罗，圆圆的脸盘，一双机灵的眼睛，一副天生清亮的嗓子。陶先生把她分到音乐组，对她说："你就学音乐吧！"慕罗在音乐组接受革命思想和专业知识的教育，各个方面都有了很大的进步。当她的祖国吹响了解放斗争的号角时，她对陶校长说："祖国需要我回去战斗！"陶先生说："你回去吧，用你的声音，为祖国的解放歌唱。你到育才学校，为的就是这一天！"朝鲜革命者的几个孩子，因父母抗击日本侵略者，战斗在中国的土地上，他们也被长辈送到了育才学校。陶校长语重心长地对他们说："你们学社会科学吧，这是你们祖国最需要的。"

1943年，失踪的著名新闻记者萨空了，突然在北碚出现，他被剃光了头，在犯人的行列里，被人押解着做苦役。原来萨空了先生从广西被秘密押解到重庆集中营来了。陶行知闻讯心急如焚，连忙告诉沈钧儒，通过救国会，向国民政府交涉，这样，起码可以使特务机关不敢轻易动手秘密杀人。救国会的朋友通过多方面的关系，打听到萨先生被关押在五云山顶戒备森严的"教导团"里，而且13岁的小女儿苦茶也住在集中营。陶行知先生非常痛心，正在成长的幼苗，怎么可以失去人间最宝贵的自由呢？他托人向萨空了捎话：“把孩子交给我吧！”经过一番周折，陶先生终于把小苦茶接到了育才学校，见她头上长满了虱子，身上长满了疥疮，不禁难过得掉下了眼泪。

陶先生急忙叫校医帮她治疗，还为她洗了个澡，换了一身干干净净的衣服。从小苦茶的诉说中，陶先生知道她还有个姐姐苦茶也失散了，便设法打听苦茶的下落。不久，萨空了多方托人终于找回了失散的大女儿苦茶，也把她送进了育才学校。陶先生让小苦茶学习她最喜欢的音乐，让姐姐苦茶进社会组学习。

还有一个孩子李远芃，是革命烈士李硕勋的儿子，周恩来、邓颖超等考虑到既要保护烈士遗孤的安全，又要教育培养他们成人，能承担如此重任的，只有陶先生办的育才学校。所以，他们毅然决定把12岁的远芃送到育才交给陶行知先生。

陶先生找李远芃谈了话，了解一些情况，就启发他专攻社会科学，以继承父亲的遗志。李远芃分到社会组后，很快对社会科学产生了浓厚的兴趣，常常和班级的同学谈论形势，发表自己的见解。在育才期间，每隔一段时间，就有人来接李远芃去和母亲赵君陶团聚。

赵君陶是当时战时儿童保育院院长，为了抢救成百上千的战灾儿童，工作非常繁忙，不能有更多的时间和儿子一起。

李远芃虽然很想念妈妈，但为了不影响妈妈的工作，他很懂事地安心在育才学校学习，接受教育。直到党做出安排，他才告别陶校长，离开育才到了延安。李远芃就是后来曾担任共和国总理的李鹏，1984年他曾写下一段怀念恩师陶行知的话："陶行知先生是我的老师，虽然我受他直接教诲的时间甚为短暂，但他的为人、思想、作风和对中国共产党的感情之深，却给我当时少年的心灵留下深刻的印象，使我受益匪浅。"

陈鹤琴说：小孩子生来是无知无识的，不知什么是好，什么是坏。他的一举一动可以说一方面受遗传的影响，一方面受环境的约束，受教育的支配。小的时候，环境中最重要的因素是妈妈，教养中的最重要因素恐怕也是妈妈。

## 知恩就要报答

报恩是中国传统伦理道德，如养育之恩、救命之恩、知遇之恩、培育之恩等；知恩图报是中国人做人的优秀品德。

孩子对妈妈的依赖性很强，他们对妈妈有一种天然的信赖感与依附感，每一位妈妈对孩子们来说都是十分重要的。无论妈妈怎样，都会在孩子心目中留下永恒的记忆，并可能影响孩子的一生。

【案例1】

陈毅是中国人民解放军的创建者和领导者之一，也是中华人民共和国十大元帅之一。陈毅还是一个非常孝敬妈妈的好儿子。

1962年，陈毅元帅出国访问回来，在路过家乡时，他就抽空去探望已经身患重病的老母亲。陈母瘫痪在床，大小便不能自理。看见陈毅进了家门，母亲非常高兴，陈母刚要向儿子打招呼，忽然想起换下来的尿裤还在床边，于是她赶紧示意身边的人把尿裤藏到床下。陈毅见了久别的母亲，心里很激动，握住母亲的手，关切地问长问短。过了一会儿，他对母亲说："娘，我进来的时候，你们把什么东西藏到床底下了？"母亲知道瞒不过去了，只好说出了实情。陈毅听后，忙说："娘，您久病卧床，我不能在您身边伺候，心里非常难过，这裤子应当由我去洗，何必藏着呢。"这时旁边的人连忙把尿裤拿出来，抢着去洗。陈毅急忙挡住他们，动情地说："娘，我小时候，您不知为我洗过多少次尿裤，今天我就是洗上10条尿裤，也报答不了您的养育之恩！"说完，陈毅把尿裤和其他脏衣服都拿去洗得干干净净，母亲欣慰地笑了。

【分析】

陈毅元帅是个大人物，每天都有繁忙的公务在身，但他却不忘家中的老母亲。在百忙中抽空回家探望瘫痪在床的母亲，为母亲洗尿裤，以关切的话语温暖抚慰病中的母亲。虽然陈毅元帅为母亲所做的只是一些平常得不能再平常的小事，但从这些平常的小事，我们可以看出他对母亲浓厚的爱。他是个知恩图报的人，他不忘母亲曾为自己付出的点点滴滴，理解母亲的艰辛和不易，知道报答母亲的养育之恩。他的一片孝心，值得天下所有儿女学习效仿。

【案例2】

有一只鹦鹉飞到一座山上，和山中的飞禽走兽相处很好。鹦鹉想：虽然很快乐，但不是我长久居住的地方，于是就离开了。过了几个月，山中燃起了大火，鹦鹉远远看见了，就飞入水中，沾湿自己的羽毛，飞到山上，洒水灭火。天神说："你即使有意志，但是力量哪里足够呢？"鹦鹉回答说："即使我知道不能灭火，但我曾经在此山中住过，山中的飞禽走兽对我很好，都是我的兄弟，我不忍心见他们遭遇火灾。"天神赞美它而且很感动它的义气，立即帮鹦鹉将火灭掉。

【分析】

动物尚且知道报恩，作为人更应该如此。青少年都会交自己的朋友，对待朋友，就要讲义气，帮助朋友。如果朋友有困难，只要不是违法也不是有悖道德就应该尽力去帮助。

认知：

理解：

| 做件什么事 | 怎么做的 | 做中的感悟 |
|---|---|---|
| | | |

| 做件什么事 | 怎么做的 | 做中的感悟 |
| --- | --- | --- |
| | | |
| | | |

**准备：**

**学会做：**

## 用“真爱”点亮孩子的心

父母满怀爱心走进孩子的心灵，和孩子快乐地生活在一起，成为好朋友，时时感受孩子的快乐和悲伤，用爱温暖孩子的心。这是所有父母都想做到的，可是有些父母一忙起来“爱孩子”就成了一句空话。

这是为什么呢？原因有多种。其主要原因是把孩子当成自己的私有财产，没有把孩子当成“朋友”，只是一味地将自己当作孩子的“家长”，很少考虑孩子的真正需求，更少研究孩子的心理，总是按照长者的意愿去想、去做事，从内心认为："我是老妈、我是老爸，一切都要按照我安排、我要求的去做。"

要克服这个问题并不难，只是要求父母们，放下自己的架子，把"家长"这个词，从脑海里清除，学点儿童心理学，和孩子交"朋友"，只有这样，才能真正地了解孩子，才能做到真正的爱孩子；才能有针对性对孩子有效地教育，作为父母不仅要了解孩子现在，还要展望孩子的未来，要了解孩子成长过程中的真正的需求，让孩子放开去接触外面的世界，作为孩子"朋友"父母，不但能了解孩子的表面，还可以了解孩子的内心，包括他们的苦恼和忧愁。

父母只有全面了解和信任孩子，才能根据孩子的特点，决定自己应该如何和孩子相处，如何对孩子进行教育，才会收到良好的教育效果，促使孩子健康全面地发展。

【案例1】

美国大作家安德森，他写的《手》只有4000字，却包含着真挚的感情、丰富的内容，他写了一位独一无二优秀的妈妈，长有一双热情、挚爱、勤奋的手。

这位妈妈在充分了解了孩子的需求后，在与孩子接触时，采用一边教孩子学习，一边用手轻轻地，一遍又一遍地，抚摸孩子的头、脸、手，把自己对孩子的爱，通过手的抚摸，传递给孩子，后来，她培养的孩子全成才了，他也成为世人称赞的"最优秀的妈妈"。有人说：她是"天造地设的妈妈"。

【分析】

是啊！父母爱孩子，就要用全部精力和心血，把孩子抚育成才；父母爱孩子，就要把纯真无邪的孩童，培育成顶天立地的英才！父母这个角色不仅仅是为了谋生，更重要的在于以心发现心、以心点亮心，用自己的爱心，鼓舞儿女奋发向上、昂扬进取，使他们茁壮地成长，这就是父母的职责。

【案例2】

20多年前，美国一个儿童组织对美国马里兰州巴尔的摩贫民窟的200个男孩子做过种种测试，一位很有权威的教授因此做出结论：无一可以造就，并写出轰动一时的调查报告。

20多年过去了，这个组织的现任突然见到这个报告顿时萌生兴趣，于是组织有关人员就同一问题进行了后续跟踪调查，结果令人大为震惊：当初200个男孩中，除20人或死或搬离他乡而无法核查外，可以了解到的180人中有176人业有所成：有小有名气的律师、有医术高明的医生、有受人尊敬的妈妈、有成功的商人，也有不错的业主等。当问及他们各自成功的原因时，大家异口同声说：我们遇上一位好母亲。

这几位孩子们的好母亲已是一位九十高龄的老太太，她慈祥和蔼地对调查人员说：“其实我也没有做什么，我只是像爱我的孩子一样爱他们。”这位母亲用母爱培育出一个有希望的群体。

【分析】

爱能点亮每个人的心灵，哪怕是孤儿和贫民窟的孩子。这些孩子平时受尽屈辱，心中就种下各种敌意。他们要保护好自己，要提防别人，同时也要在这个社会中争取生存的资源；他们不免因为受教育少而做错一些事情，但如果他们有一个爱他们的母亲，他们就可以化解对社会的敌意，有了坚定的感情，激发对自己和社会的责任，哪怕是对母亲的责任，都会让他们走上正道。爱会消解掉人们心中的敌意，才能友好地在社会上发展。

认知：

理解：

| 做件什么事 | 怎么做的 | 做中的感悟 |
| --- | --- | --- |
| | | |
| | | |
| | | |
| | | |

准备：

学会做：

## 要让孩子看得到生活的艰辛

艰难辛苦是通向幸福的必由之路；世界上没有白吃的午餐；也没有无缘无故的爱；更没有不经努力就白来的幸福。

在和平的岁月里，艰苦的生活只能落在那些懒惰的人的生活空间，勤劳的人的生活永远是幸福的，除非是受到战争或自然灾害的威胁人们才会感到无能为力，但只要努力，即使艰难的生活还会有幸福的曙光。

目前，已经是和平年代，可是，仍然有为数不少的人，依旧生活在贫困之中，这是为什么呢？

妈妈可以常带孩子到老家、到一些贫困的山村去走一走、看一看，贫瘠的土地，破旧的房子，只是简简单单地活着，哪里还谈得上生活质量？多少人在生存线苦苦挣扎！

【案例】

大同希望学校的200多名孤儿，活了十多岁的孩子们，没有谁吃过一只鸡蛋，没有谁见过松花蛋什么样，掰一把香蕉递到孩子们手中，大家你看看我，我看看你，没有一个人敢下口。

过去，每年300元学杂费，对于一个农村孩子来说，是一个很难跨越的坎儿，可能得用嫩嫩的肩膀去背砖，得起早贪黑去捡破烂，否则，等待他们的将可能是把心爱的书包塞进燃着熊熊火焰的炉灶，永远别再想跨进学校大门一步！

【分析】

现在许多孩子，成长中几乎没有吃过苦，衣来伸手，饭来张口，享受各种好条件。根本不知道穷苦人的生活的艰辛，不知道有些同龄人不仅没有书读，而且吃饭穿衣都是问题，他们小小年纪就要帮助家庭干活，否则就得挨饿挨冻。让城里的孩子看到乡村、农村或贫困山区的孩子的辛苦生活，这会有利于触动他们的心灵，生发出责任心。

认知：

理解：

| 做件什么事 | 怎么做的 | 做中的感悟 |
|---|---|---|
| | | |

| 做件什么事 | 怎么做的 | 做中的感悟 |
| --- | --- | --- |
| | | |
| | | |

准备：

学会做：

## 父母不要堆金愚儿女

同在一片蓝天下，贫困和富有造就着千百万孩子的不同命运。由于接受教育的不同，使人们的生活质量截然不同，这是妇孺皆知的道理。对有钱人家的孩子，应该唱响一句话：再富不能富孩子，富门寒教，堪称明智。

美国石油大王洛克菲勒是世界上第一个达到10亿美元的大富翁，而他对子女的要求十分严格，七八岁的孩子每周三角，十一二岁的孩子每周一元，十二岁以上的孩子每周二元，给每个孩子发一个小本子，让他们记清每笔钱的用场。隔一段日子，他都要认真查看孩子们的小账本，用途正当、账目清楚的适当奖励，反之削减。做家务活的另给报酬。他的二儿子纳尔逊做到美国副总统，三儿子劳伦斯兴办新兴工业，小儿子戴维做大通国民银行总裁。

20世纪30年代，陈独秀把儿子寄养在上海，每月给最低的生活费用。儿子不得不白天读书，晚上做工。他虽不是富翁阔佬，但给孩子足够的零花钱还是可以的，他是有意识地创造一种简朴清贫的环境来教育和磨炼儿子，让儿子在艰难的生活中，懂得一寸布、一粒米的来之不易，知道珍惜眼前的一切。他是把“一粥一饭当思来之不易，半丝半缕恒念物力艰辛”的千古良训刻进儿子心中了。

唐太宗李世民与大臣房玄龄谈起如何教育子女时语重心长地说：“历代拨乱创业之主，生长于民间，了解百姓疾苦者很少败亡。到继世守业之君，生长在富贵之中，不知疾苦，哪有不亡的？”末代皇帝溥仪的祖父醇亲王奕王的房间里，常年悬挂着自撰自书的治家箴言：“财也大，产也大，儿孙祸也大，若问此理是若何，子孙钱多胆也大，天大事情都不怕，不丧家身不肯罢；财也少，产也少，后来子孙祸也少，若问此理是若何，子孙钱小胆也小，些微产业知自保，俭使俭用也过了。”有的妈妈用一生的努力在做一件事，想创造一个美好的世界留给孩子，让他们衣食无忧安享人生；有的妈妈则竭尽全力培养和教育孩子独立自主的能力，让他们有力量有信心建造更加美好的世界。

【案例1】

一位美国贵妇人突然雅兴大发，列出“400豪门”名单，向当时美国名噪一时的豪门巨富发了请帖，邀请他们出席自己的生日晚会。那些神乎其神的人们不可一世威风八面，以为他们的财富吃不尽用不完足可荫庇子孙千秋万代，然而仅仅百年之后的今天，美国各业霸主中几乎没有一个是当年富豪的后人。

陈嘉庚活得明白，他认为：世上拥有大量财产的人，鲜有超过第二代的。

给孩子留什么？林则徐做出最好的回答：“子孙若如我，要钱干什么，贤而多财，则损其志；子孙不如我，留钱干什么，愚而多财，益增其过。”

【分析】

财富有助于一个人发展，但财富也会阻碍一个人的追求，因为不缺钱，从而没有奋斗的动力。很多富二代就是这样丧失了读书、学习的动力。一些有识之士，他们把财富捐给社会，只留下少量的财富给子女，他们想方设法给孩子留下读书的习惯，留下智慧的法门，留下社会的关系网络。

假如把家长的范围扩大一点，扩大到所有的父辈，那么，父辈应该为子孙留下什么？曾记得2009年9月22日纽约联合国气候变化峰会开篇时，在短短3分钟的短片中，来自全球各地的孩子用稚嫩的声音质问全球近百位各国首脑：未来，我们将从你们那里继承什么？

我们现在经济的增长是建立在高消耗的基础上，假如我们把子孙的煤矿、石油全部消耗掉，那么，我们能称得上合格的祖先吗？希望下一代人在想起他的父辈时，能自豪地说，我祖上给我留下清新的空气、干净的海面以及成片的森林。

【案例2】

小娟小学的时候喜欢跳舞，被学校选中参加舞蹈队，因为演出服要花钱，妈妈觉得浪费，所以退出了。小娟不敢说真实的原因，就说自己怕耽误学习。

妈妈也没有说，还是支持小娟做其他喜欢做的事，比如书法。

初中，英语老师觉得小娟的英语不错，很有潜力，叫上几个孩子，单独培养口语能力，也被小娟拒绝了。

大学，寒暑假、五一、国庆临近的时候，室友的妈妈都打电话嘱咐她们早点订票，早点回家。小娟接到的电话永远都是“假期就别回来了，浪费钱”。

【分析】

贫穷并不一定会让妈妈减少对孩子的爱，但是妈妈在拒绝孩子合理要求的时候，如果没有肯定他们对的部分，顺便安抚一下他们的情绪，他们幼小的心灵会像一个沙漏，一次次落入自卑的沙子。

我们不能说穷就是原罪，但是如果妈妈在贫穷中都很难充满希望，没有积极生活的态度，甚至一言不合就迁怒孩子，这难免影响到孩子的成长。

认知：

理解：

| 做件什么事 | 怎么做的 | 做中的感悟 |
| --- | --- | --- |
| | | |
| | | |
| | | |

准备：

学会做：

## 不让财富成为孩子成长的绊脚石

爱因斯坦认为：每一份财产都是孩子成长路上的一个绊脚石。

世界首富、美国软件帝国大王比尔·盖茨有185亿美元的巨额资产，他宣布只给孩子珍妮弗留1000万美元。1998年，美国最大的有线电视公司老板约翰·马隆有惊人之举，他把15亿美元的家产悉数捐给慈善事业，不给自己的子女留半个子儿，他的理由很简单：太多的财产不利于孩子们的成长，反而会毁了他们的前程。一位富豪的儿子不思上进，觉得父亲的财产足够他美美地生活一辈子。父亲看在眼里急在心头，终于痛下决断，将其大部分积蓄捐赠于慈善事业，只留下一点点生活费，儿子一看不好，再不动手恐怕要沦为乞丐了，于是发奋努力，拼命地学本领，最后功成业就。

【案例】

中央电视台第十套节目《知心家庭》栏目中曾经报道过这样一个案例《娇生不惯养》，大概内容是：有这样一位母亲，教育子女非常明智。她说：“我的女儿在我身边只有十多年时间，更长的路必须要女儿独立去面对。我对女儿的教育原则是：娇生不惯养；自作必自受；独立必自主。

“在孩子很小的时候，这位母亲就有意识地培养锻炼女儿独立生活的能力，什么事都让女儿自己来：2岁吃饭，3岁扫地，4岁洗头，再大一些自己洗刷，自己缝补，女儿吃了不少苦。我的女儿和其他孩子一样一向丢三落四，一次参加演出比赛，我看见孩子把磁带落下了，我就是不告诉她，等女儿比赛快要开始了才发现，打电话回来要我送过去，我坚决不帮忙，让她自己吃苦头，后来孩子记住了这样的教训，彻底改正了丢三落四的毛病。

“这样一来女儿长大后特别能吃苦，她乐观向上，融入群体的能力也特别强。16岁就只身一人到美国求学，很快就适应了陌生的环境，一切都应付自如，我作为母亲非常放心。”

【分析】

一些家长是在用自己的财富与爱心，编织着家庭明天的不幸，在一点一滴地毁掉自己的孩子。作为孩子的父母，对于孩子的缺点与不足，让孩子自己尝尝苦头，不要怕孩子吃苦，是对孩子最好的教育。那些衣来伸手、饭来张口的做法，最容易培养孩子的懒惰；那种每餐美味佳肴，从小就让孩子住上舒适的住宅的教育方法，只能养成孩子的骄奢跋扈的习性；那些有求必应、供过于求的做法，也就助长了孩子的贪婪……比如，家长替孩子值日，大包大揽孩子的衣着换洗，使孩子们讲吃、讲穿、讲享受，劳动观念淡薄，吃不了苦，受不了罪，经受不起挫折，承受不了坎坷，稍不如意，动辄出走、轻生（图4）。

认知:

理解:

| 做件什么事 | 怎么做的 | 做中的感悟 |
|---|---|---|
| | | |
| | | |
| | | |
| | | |

准备:

学会做:

# 本章复盘

## ◎小问题

回答下面的问题，帮助你理解感恩能力培养在家庭教育中的必要性。

1.感恩能力培养的目的是什么？

2.感恩能力培养首先要做到什么？

3.感恩能力培养的步骤是什么？

4.感恩能力培养有哪些要注意的环节？

5.感恩能力培养有什么效果和表现？

6.感恩能力培养和掌握知识应该如何区别？

7.感恩能力培养的方式不同，效果有什么不一样？

8.生活中感恩能力培养的问题有哪些？

## 如何做更好的家长

◎收起你的懦弱，摆出你的姿态，培养孩子感恩能力，要大胆地让孩子为过失埋单，不要打击孩子的积极性！

◎就算周边的人（含家庭成员）都否定孩子，你也要相信孩子，不要管别人的看法。

◎很多事是尊重出来的，要相信，世上本没有做不到的事，只有不尊重人，才适得其反。

◎不管孩子如何，都可能不被欣赏，总有人认为他不够好，不管别人怎么看，你都不能不注意培养孩子的感恩能力！

“管理好自己”思考题

【反向思维】

◎感恩能力培养没有用，孩子就是不愿意学习！

◎感恩能力培养孩子到位了，孩子还是不好好学！

◎对孩子感恩能力培养不到位，反而被别人瞧不起！

【正向思维】

◎感恩能力培养之后，家庭和睦了！

◎感恩能力培养之后，孩子的能力提高了！

◎感恩能力培养之后，父母与孩子相处更融洽了！

◎感恩能力培养之后，父母与孩子的误会没有了！

与心对话

每日一问：

家庭生活中总有一些磕磕绊绊，很多事情都需要对孩子进行感恩能力培养，你面对这些问题是怎么解决的？你身边的家庭又是怎么处理的？

请将在家里看到的记录下来：

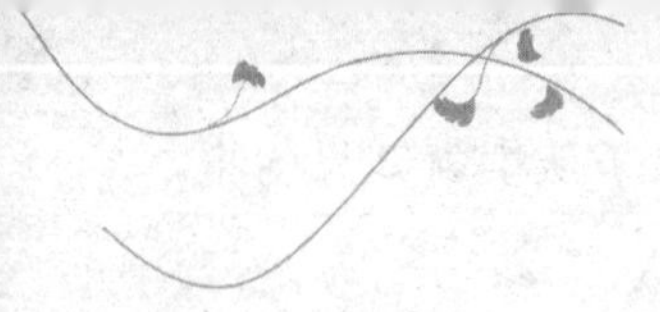

陶行知说：生活、工作、学习倘使都能自动，则教育之收效定能事半功倍。所以我们特别注意自动力之培养，使它关注于全部的生活工作学习之中。自动是自觉的行动，而不是自发的行动。自觉的行动，需要适当的培养而后可以实现。

# Part 5

## 要成才就不要怕吃苦

- 陶行知经典故事
- “吃苦”才有“营养”
- 忧患有安乐，磨难懂珍惜
- 孩子成长路上的七个“天敌”
- 让生活做孩子的导师

## 陶行知经典故事

对自己的孩子陶行知同样严格要求。他的二儿子晓光没有正规学历。1940年夏，晓光经人介绍去成都一家无线电修造厂工作。厂方要看他的学历资格，他拿不出，就写信给育才学校副校长，请他寄一张晓庄学校的毕业证书来。证明刚刚寄到，陶行知的急电也到了，严厉阻止用这张证明，并要晓光立即将证明寄回。接着，又是一封快信，信中说："我们必须坚持'宁为真白丁，不做假秀才'之主张……总之，'追求真理做真人'，不可有丝毫的妥协。你若记住这七个字，终生受用无穷。"以后，"追求真理做真人"七个字，便成了晓光的座右铭。

1946年7月25日，陶行知因突发脑出血逝世。他的一生百折不挠地"为中国教育寻觅曙光"，他把全部身心献给了祖国的教育事业。毛泽东为他写了挽词："痛悼伟大的人民教育家陶行知先生千古！"宋庆龄的挽词是："万世师表。"周恩来的话代表了千千万万革命师生的心声："陶先生放心去吧，你已经对得起民族，对得起人民。你的未了的事业会由朋友们，由你的后继者们坚持下去，开展下去的。你放心去吧！"

## “吃苦”才有“营养”

孟子认为，吃苦是成长成才的基础，因而告诫人们：“天将降大任于斯人也，必先苦其心志，劳其筋骨，饿其体肤，空乏其身，行拂乱其所为。”后来历代开明之士，如宋朝理学家朱熹、宋朝官员包拯、明朝学者朱柏庐、清末重臣曾国藩等，无不把吃苦当作教育后代修身进德的必修课。

重视吃苦教育，不独中国先贤，外国圣哲亦然。古希腊哲学家德谟克利特认为，吃苦是铸就卓越禀赋的阶梯，因为“人们只有吃尽千辛万苦才能发展好的禀赋，而坏的禀赋则用不着丝毫努力就自己发展出来了”。俄国文学大师托尔斯泰则把吃苦看作是获得幸福的源泉，并认定：“一个吃苦耐劳惯了的人就不可能不幸。”正是基于吃苦有益的理念，今天的美国、德国、加拿大、瑞士等西方发达国家，十分重视对孩子的吃苦教育，并努力把孩子培养成具有适应各种环境和独立生存能力的社会人，以托起他们民族明天的希望。

现在，随着物质生活条件的改善，加上趋甜避苦是人的天性。一些妈妈对吃苦教育认识理解并不那么深刻，在教育孩子上往往表现为“四过度”：即过度宠爱、过度保护、过度照顾、过度期望，导致大量的唯有依靠妈妈才能生存的“啃老族”、弱不禁风的“花朵孩”的出现，催生了“我爸是李刚”这般“骄横儿”，“谁敢打110”如此“跋扈弟”的“问世”。这说明，吃苦教育的缺失，如果不及时补正，对妈妈的期盼、孩子的健康成长、社会的进步，都将是沉重的打击。

儿童和少年时期是人生的基础阶段，妈妈有意识地创造一些条件，对孩子开展吃苦教育，非常重要，也有必要。因为人的一生不可能一帆风顺，总会遇到这样那样的艰难困苦和曲折坎坷，在孩子的人生基础阶段，给他们开设吃苦教育这堂课，能磨砺他们的意志，升华他们的人生境界，增强他们的生存生活本领。因而可以说，让孩子吃吃苦，是为他们将来的人生旅途走得平稳顺畅做加油充气、储能蓄势的准备，让他们踏入社会后，在风雨人生中，充分实现自身价值。

对孩子进行吃苦教育要讲究方法，妈妈需先估量孩子吃苦的能力，再对孩子进行吃苦的教育，尊重孩子意愿不要强迫命令，要持之以恒地坚持，不要一曝十寒；要身体力行发挥榜样的作用，不要只动嘴不动手。

无数个英才的成长经历告诉我们：如果在职业成长初期经历一些挫折，那么，在职业成长的路上不论遇到什么样的失败，都很容易挺住。

【案例】

英国有一部纪录片，叫作《富哥哥穷弟弟》，跟踪拍摄了身处富人阶层的哥哥伊凡与身处社会底层的弟弟大卫的生活。并通过“变形记”的形式，让他们进入彼此的生活。在为期8天的体验中，他们改变了对各自的看法，互相说出了一句“你也不容易”。

穷弟弟不容易，不仅三餐无着而且由于贫穷而害怕生病。而富哥哥虽然也有其不易，但因为他不仅有保险而且有钱，所以相较之下，富哥哥显然比穷弟弟容易得多。因为没有房子、没有固定工作的弟弟，所过的是中国人最不希望过上的流浪汉的日子。而买房置地、跻身政界的哥哥，所过的是中国人打破头都想过上的日子。同样的家庭背景，同样的成长环境。一对相差1岁的兄弟，到底是从何时开始走上不同人生方向的呢？

纪录片告诉我们，不是在校期间不同的学习表现，也不是进入社会之后面临的发展机会，而是父母对待他们不同的态度。

从很小的时候开始，哥哥伊凡就通过帮助邻居修剪草坪，在社区街道送报挣钱贴补家用。但仅比他小1岁的弟弟，却身处父母的宠爱中，每个周末都一觉能睡到中午。起早贪黑打零工的伊凡说，经常在拖着疲惫的身躯回到家时，看到无所事事的弟弟。但弟弟大卫对此并不认同，因为他做了诸如破坏公物、卖小黄书赚烟钱这些在他看来是正事的勾当。即使这样，父母对弟弟的维护与溺爱也丝毫不减。兄弟两个的差距，在他们成年后进一步拉大。

哥哥伊凡21岁时，就靠做小买卖赚到了第一桶金，并且靠着勤勉与灵活的头脑，在商业上取得了成功。而弟弟在一次次尝试与一次次放弃中，浪费着青春。

当两兄弟人到中年时，差距已经拉大到了阶层的不同。不知道他们尚在的母亲，看到两兄弟的差异时，内心会是怎样一番滋味。

【分析】

在我们的家庭教育中，父母往往在物质方面尽力满足孩子，只要孩子好好学习，对金钱等其他方面的教育却很匮乏。

现在很多孩子对金钱没有明确的意识，不明白金钱的来之不易，这对于他们的成长是非常不利的。只有当孩子知道金钱的重要性，并且明白赚钱的艰难，他们才能体会到父母的难处，形成正确的金钱观。

只有让孩子内心清楚地认识到金钱来之不易，他们才能更好地看待生活中的消费，明白节约的重要性。

“吃得苦中苦，方为人上人”“宝剑锋从磨砺出，梅花香自苦寒来”。经历过苦难的孩子，方有成大器的希望。富养孩子不仅仅是在物质生活上的富养，更多的是思想上的满足，父母要教育好孩子，更要把自己的心态摆正。

## 忧患有安乐，磨难懂珍惜

孟子说：“生于忧患，死于安乐。”忧患和安乐都是生活方式，一个可以培育信念，一个只能播种平庸。

英国博物学家、进化论者赫胥黎说：“人在早年遭受几次挫折实际上有几大好处。”为什么这样说呢？道理很简单：这就是说幼、少时期是人生的关键时期，如果是一帆风顺长大的，将来一旦遭受挫折就很难承受得住。

心理学家经常接待被自己的孩子伤透了心的母亲，母亲们总是口口声声地说：“我真的不知道，这样的孩子是不是我生的？孩子一断奶，妈妈竟然变得可有可无了？当妈妈的那么辛苦，可孩子一旦长大便只是自己顾自己。”

有的妈妈说：我们为孩子付出了我们的全部，但是越是这样，越让我们怀疑是否再这样为他付出，他就会成才？

因为我们觉得他如果以后要自私、要不知报恩的话，我们真的希望那不是我们的孩子。因此，我们奉劝妈妈们从现在起就要做到：孩子的事千万不要替他做；孩子的事一定要让他自己做。

要把孩子培养好，妈妈就必须咬咬牙，放开让孩子去做，做错了再改，让孩子去独立完成一些事情。这才是真正的妈妈赋予孩子的真爱。

【案例1】

有位男孩考上了军校，严格的军事训练让孩子苦不堪言，他在给妈妈的信中透露了不能承受的意思。妈妈千里迢迢去探望，看到孩子确实很苦，站有站相、坐得有坐相，就连平日穿衣打扮也有条有理。

他们在部队待了三天，部队领导要求他们返回。临走时，母亲看着孩子黑瘦的样子，内心充满了矛盾——动了想把孩子带回家的念头。父亲坚持：别人的孩子能做到，我们的孩子也能。

在父亲的坚持下，孩子留下了。

现在，孩子已经成熟稳健，早早就成了一个刚强的人。

【分析】

严格的军事训练通常是让孩子苦不堪言的。孩子迟早要独立，在成长的道路上多吃一点苦，多受一点挫折，多接触一些复杂的环境、复杂的人，就会给成功的路上减少很多麻烦。

【案例2】

一对农村夫妇四十得子，因而宠爱有加，在蜜罐中长大的儿子养成了一意孤行的脾性，做事毛毛躁躁的，就连走路也走不好，时常跌进水田里，很是让望子成龙的妈妈焦心。儿子7岁那年，顺理成章上了小学。顽皮的他走路喜欢张望，不是弄湿了鞋子，就是弄湿了裤子，哭鼻子成了家常便饭。做母亲的整日跟在他后面洗，也无法让他穿得干净。

一天，孩子的父亲带一把铁锹去儿子上学必经的田埂上，在上面断断续续地挖了几十道缺口，然后用棍棒搭成一座座小桥，只有小心走上去才能通过。那天放学，儿子走在田埂上，看面前一下子多出了这么多的小桥，很是诧异。是走过去，还是停下来哭泣？四顾无人，哭也没有观众啊。最终他选择了走过去。当背着书包的他晃晃悠悠地通过小桥时，惊出一身冷汗，他第一次没有哭鼻子。

吃饭的时候，儿子跟爸爸讲了今天走过一座座小桥的经历，脸上满是神气，做父亲的坐在一旁，夸他勇敢。以后，他上学的路上再也没惹过麻烦。

妻子对丈夫的举措有些不解，丈夫解释道：“平坦的道上，他左顾右盼，当然走不好路；坎坷的路途，他的双眼必须紧盯着路，因而走得平稳。”

如果不在孩子成长的路设置一些障碍，一味地给他们提供顺境，让其想法不经过努力就能实现，等长大后，一旦遭遇挫折，他们必然会经受不住打击，而产生种种令人意想不到的后果。

【分析】

拖一把铁锹，在孩子前进的道路上设置沟壑，把平坦的大道变成窄道，让孩子勇敢地走上去，这样他们就会专注于脚下的路，才不至于误入歧途。挖断孩子前进的路，培养他们脚踏实地的习惯，他们今后的人生就少些失败多些成功。

由此可见，只有让孩子走过一条艰难的路，他才能变得认真起来。

人生就是一条大路，如果我们的路太平坦，就不免会左顾右盼，忘了注意脚下的路，如果有挫折在脚下，孩子会因挫折而变得更坚强，更成熟起来。

认知：

理解：

| 做件什么事 | 怎么做的 | 做中的感悟 |
| --- | --- | --- |
| | | |
| | | |
| | | |

准备：

学会做：

## 孩子成长路上的七个“天敌”

艾默生说：“坐在舒适软垫上的人容易睡去。”

在健身房里让别人替自己做练习的人，是永远无法增强自己肌肉力量的。

孩子都明白：自己要成才，必须自己亲自锻炼，去磨炼，不断修正自己的不足，发挥自己的特长，否则，终将一事无成。但是，我们的有些父母却反其道而行之，一度成为孩子成才路上的“天敌”。

### 1. 不修边幅的父母

一个幼儿园的孩子当着妈妈的面问：“妈妈，你好像打扮得没有别人家妈妈好看，爸爸为什么还要跟你结婚呢？”

孩子有超强的审美观，家里那些过分的“幼儿化”，父母总觉得孩子就应该喜欢的东西，孩子并不是全喜欢，孩子喜欢的首先是自己的父母，父母的一言一行、一举一动，乃至穿衣打扮，孩子无一不看在眼里，记在心里，日后，终将成为他（她）的行为楷模，所以，我们警告父母，在孩子面前，把你最优秀的一面呈现给孩子吧！因为你的行为将严重影响孩子的一生。

### 2. 对别人更亲热的妈妈

小王家中开过一次生日派对后，5岁的阳阳再不肯邀集同班小朋友来开圣诞派对了，因为上次妈妈切蛋糕把最小的一块给了她；拍了三十几张照片，只给她拍了两张。

妈妈说那是待客的礼貌，又说阳阳小气，阳阳捂着耳朵尖叫起来，“反正我再也不要人来家玩了，别的小孩子一来，人家就成了太阳，妈妈专门围着人家转，我讨厌妈妈！”

把最亲的妈妈视为自己的专利品，不允许妈妈对别人表现出亲密（包括爸爸），是幼童的特有心理，这种霸道的心态，事实上是幼童心理上构筑安全感的一种方式，妈妈不必为此感到过分忧虑。

过了2岁到5岁这一阶段，从6岁起，随着儿童交往圈的扩大，及情感寄托的多元化，他会逐渐学会与身边的人分享妈妈的关怀，他的妒意也不会如小时候那么激烈了。

### 3. 限制过多的父母

萌萌的父母总是以报纸上拐卖儿童或看护不力导致儿童受伤致残的例子来吓唬她。久而久之，萌萌就变成彻彻底底的电视儿童，见了陌生的客人连招呼也不打，而是像老鼠一样蹿进小房间里，半天也不出来。

在为孩子提供过度保护的父母眼里，孩子缺乏本能的自我保护能力，需要父母撑起保护伞亦步亦趋。妈妈不会想到她的言行，给孩子造成世界处处是陷阱的错觉，最终将使孩子拥有相当极端的性格，要不性情封闭内向，怯懦无比；要不成为胆大妄为的青少年。

因此，与其对孩子过度保护，不如给孩子规定个原则，或让孩子懂得自我保护的要诀后，大胆放手，让孩子在尽可能大的活动范围内尽心体验自由。

### 4. 总夸别人好的父母

6岁的何童有一天终于将唠叨不休的父母彻底噎住：你想要楼上的王菁做孩子，我还想要楼上的王菁妈妈做妈妈呢，人家王菁妈妈比你漂亮，比你有学问！妈妈的脸不禁变得煞白。

父母都有一颗望子成龙、望女成凤的痴心，然而一面攀比，一面打击孩子的自尊心，从根本上说这是慢慢毁掉了孩子的自信心。

4岁以下的孩子，如果总听父母说自己不如邻居及同事的某个小孩，心理压力会增大，会有被抛弃的恐慌。

而当孩子渐渐长大，意识到自己再不合父母的意，父母都无法抛弃自己时，向上的动力也会消失，这个时候孩子就会变得疲沓，任何批评都无法触动他。

### 5. 希望我的朋友都优秀的父母

小明这样描绘她的父母：妈妈总希望我的朋友都是十项全能的优等生，会弹钢琴、会游泳、会打羽毛球、绘画比赛也得过优胜奖，当父母发现我最好的朋友只是一个中等生时，她失望极了。

如果小明长到15岁，她的父母仍没有改变的话，她会说：妈妈是个功利心太强的人，所以，我交了什么样的朋友都不会告诉她。这种沟通大堵塞，难道是父母们期待的吗？

功利心较强的父母都希望孩子能交到榜样朋友，认为只有交到的朋友强于孩子，孩子才能从朋友处有所获得。

这样去理解“朋友”二字未免过于狭窄，想一想你交往的朋友都在学历或仕途上强于你吗？一个有意思的朋友，可能是以他的善解人意、他的诙谐风趣打动我们，孩子也一样。

### 6. 说话总不算数的父母

父母是一个说话不算数的人。事不过三，现在5岁的孩子已经不相信父母会带他去日本迪士尼乐园的承诺了。

由此，当父母生气于孩子的某些作为，发誓要处罚他时，孩子也满脸的无所谓，父母会忘记的，她连迪士尼乐园也没有带我去呢，怎么记得住这一礼拜都不让我看动画片？

成年人总喜欢为自己的爽约找各种借口，如果不及时认真道歉和改过，将来孩子显然对你和其他人也会这样。而且父母别想再用承诺去激励孩子，孩子会变得越来越叛逆和不好管教。

## 7. 天天看“肥皂剧”的父母

蓓蓓说，她最讨厌父母看长篇肥皂剧，父母一看上瘾就不跟她玩了。有一次，全家去游乐园玩到晚上七点钟蓓蓓还不肯回家，父母就大发脾气。蓓蓓知道父母想回去看连续剧罢了，她心里很伤心，心想难道父母把看电视看得比我还重要吗？

建议：父母陪孩子外出活动时，要以孩子为主。在家庭中每周至少应设置两天关电视日，一家人共同阅读、交谈或游戏；可以共同看一些有营养的节目像BBC系列、温情教育系列等，从而把看电视的活动演化为亲子沟通的平台。

【案例1】

一位台湾的畅销书作家说：孩子给了我又一次体验童心的机会。她号召妈妈蹲下身来，恢复儿童的本能，以儿童的视角看世界，从儿童的视角看过去，这世界有更美妙的细节，这是我们成年人无法体会到的。

所以，不要讥笑某些父母与几岁的儿女一样穿卡通套头衫，伏在草丛里捉蚱蜢，或者为风筝的缠绕大呼小叫，这都是童心未泯的表现。

儿童心目中最无趣的父母，就是你唤她来看肥皂泡上的彩虹，或者来看搬家的蚂蚁军团，她瞄一眼，就很淡漠地说：你怎么老关注这种没意思的东西？你的钢琴弹了没有？英语磁带听了没有？

【分析】

父母眼里的“无聊”“没意思”，却正是孩子认识世界、感知世界的方式。

童心已泯的父母往往得不到孩子的真心，与孩子在一起尽兴玩耍，是父母打开孩子心扉的重要途径，就像阿里巴巴的山洞一样，你念对咒语，孩子的心门才会訇然而开。

现代社会的竞争愈发激烈，每位父母都梦想着自己的孩子能够先人一步，强人一步，孩子则成了父母间竞争与比较的工具。激烈的竞争无法避免地使孩子过早地成人。

【案例2】

一家大公司的老板曾说，他准备让自己的儿子先到另一家企业里学习与工作，让他在那里锻炼锻炼，吃吃苦头。他不想让儿子一开始就和自己在一起学习与工作，因为他担心儿子在他的大树荫下，被他遮住了阳光，从而难以成为栋梁。在这方面，华人富豪李嘉诚做得很好。他曾让自己的儿子李泽钜和李泽楷两兄弟到外国人的咨询公司打工，磨炼他们独立的精神，他的用心得到了实际的回报。李泽钜后来担起了家庭发展的重担，而李泽楷也拥有了新的事业，和父亲并驾齐驱，一同奋战商海。

【分析】

这些具有远见的家长知道，在父亲的溺爱和庇护下，想什么时候来就什么时候来，想什么时候走就什么时候走的孩子很难有大的出息。只有自立精神能给人以力量与自信，只有依靠自己才能培养做事能力和拥有成就感。

俗话说："自古英才多磨难，从来纨绔少伟男。"在瑞士，父母为了不让孩子成为无能之辈，从孩子很小的时候，就开始培养他们自食其力的精神。陶行知曾说："淌自己的汗，吃自己的饭，自己的事自己干；靠天、靠地、靠祖宗，不算是好汉。"所以，父母们，为了让你们的孩子能够在社会中拥有生存的能力和发展的技巧，请教给孩子们足够的生存本领，而不是只想着留给他们冰冷的金钱，毕竟，授人以鱼不如授人以渔。

认知：

理解：

| 做件什么事 | 怎么做的 | 做中的感悟 |
| --- | --- | --- |
| | | |

| 做件什么事 | 怎么做的 | 做中的感悟 |
| --- | --- | --- |
| | | |
| | | |

准备：

学会做：

## 让生活做孩子的导师

孩子生命的每一天，总有生活陪伴着。生活中的导师有时看得见，有时摸不着；可能年长，可能年幼；可能它近在眼前，也可能远在天边；可能朝夕相处，也可能一生不得谋面；可能今人，可能作古；可能至亲，可能疏远甚至是仇敌；可能是一个人，也可能是一件事；可能是一句话，也可能是一本书……

做孩子的生活导师，只会啼哭、只会吸吮、孱弱无力的婴儿是怎样笨拙地一个字一个词地学会说话，怎样一步三摇摆地学会走路，怎样认识红花绿叶野草，又是怎样懂得享受阳光的抚爱、春风的吹拂？都是具有博大母爱的导师，用她的心、她的情、她的爱，温暖着、滋爱着、点拨着孩子一天天长大……

开学了，读书了。导师用渊博的知识开启我们混沌的头脑，用知识的琼浆浇灌我们纯洁的心田，用辛勤的劳动把我们引向知识的殿堂，用炽热的情怀扶持着我们走向坚实的人生……

生活是老师，社会是课堂。生活这本无字的书，是人类伟大的老师。

在艰辛的生活中，我们每个人都流过泪、滴过血，有过嘴含黄连苦的生活经历，领略过生活的无情与严酷。“前事不忘，后事之师”，吸取他人的智慧，汲取先人的教诲；吃一堑，长一智。生活中只有自己跌倒了再顽强地爬起来，才能进步得更快。

我们在生活中学习生活，在人生中磨炼人生，在痛苦、挫折、不幸中挣扎着、成熟着、进步着。

卡夫卡说过：“一位真正的敌手能灌输你真正的勇气。”向对手学习，得之更为深刻。波斯著名诗人萨迪在《蔷薇园》里与来人有过一段精妙的问答。来人问：“你向什么人学来的礼貌？”他出口答道：“向那些没有礼貌的人，凡是他要不得的举动，我绝不去做。”战争前沿阵地，巴顿将军每天枕着对手隆美尔的《坦克论》睡觉，他对这本书精研细读烂熟于心，吸收对手的高明之处作为借鉴，分析对手的情形以致突破，结果屡出奇兵留下美名。他得意地对别人讲：因为我读过他的书，我没有理由不胜他。蒋介石读毛主席的书，越读越觉得自己败成定局。

孔圣人说："三人行，必有我师焉。"能者为师、力者为师、强者为师、德者为师。哪怕他人有丁点儿强于自己的地方，也要不耻下问，躬行学习。

向书本学习，更是一生一世的事情，那里的好老师比比皆是。那是一颗颗璀璨星座在陨落人世时留给后人最夺目的光彩；那是活着的灵魂工程师们生命的呐喊与思想的结晶，我们当细细地观赏，悉心地品味，必受益无穷。

【案例】

王宝林的儿子8岁时，有一天吃晚饭，桌子上没有孩子爱吃的红烧鳝段，便把小嘴噘得老高，满脸地不高兴。任你怎么劝说，他就是不动筷子抗议，急得他妈妈束手无策。

星期天，王宝林找个恰当的时间在孩子的桌前坐下来，向他提了一个问题："你知道鳝鱼多少钱一斤吗？"孩子摇了摇头。"你知道爸爸妈妈一天可以拿多少工资吗？"孩子又摇了摇头。于是，他顺手拿过来一张纸画了一张表格，水费、电费、煤气费、乘车费、服装费、米钱、菜钱，还有为了孩子今后上学的储蓄，等等，算账的结果是——收支基本平衡。他又说："假如我们不计划着花，还可能要出现赤字呢！"这账可把儿子算得满脸羞愧。

他又拿出一天的20元生活费交给儿子，让儿子当一天家。结果，儿子到了菜市场，望着攒动的人头，有些眼花缭乱，不知从何下手。嘴馋的儿子先买了个西瓜，花去了9.7元。然后，按照“菜单”逐个采购，最后要买肉时，已经没有钱了。结果一整天，他们家的餐桌上没有鱼，没有肉，只有蔬菜和米饭。

经过多次类似这样的生活教育，孩子渐渐地关心家务了，他开始懂得了对妈妈的感恩，也感受到了生活的艰辛。

【分析】

让孩子感到生活的艰辛，不妨让孩子当当家，让孩子感受父母生活的不易，才会改变他们对生活的态度，才能让他们开始懂得感恩。王宝林的孩子并不知道什么不容易，他心中面对的就是他自己的欲望，给他20元买菜，他首先想到的是满足自己的口欲，买个西瓜。结果一整天，他们家的餐桌上没有鱼，没有肉，只有蔬菜和米饭。生活会告诉他，要精打细算，要为全家人的生活综合考虑，如此才能懂得生活不易，才能在生活中承担自己的责任，扮好自己的角色（图5）。

认知：

理解：

| 做件什么事 | 怎么做的 | 做中的感悟 |
| --- | --- | --- |
| | | |
| | | |
| | | |

准备：

学会做：

## 本章复盘

### ◎ 小问题

回答下面的问题，帮助你理解吃苦与磨难能力培养在家庭教育中的必要性。

1.吃苦与磨难的目的是什么？

2.吃苦与磨难首先要做到什么？

3.吃苦与磨难能力培养的步骤是什么？

4.吃苦与磨难能力培养有哪些要注意的环节？

5.吃苦与磨难能力培养有什么效果和表现？

6.吃苦与磨难能力培养和掌握知识应该如何区别？

7.吃苦与磨难能力培养的方式不同，效果有什么不一样？

8.生活中吃苦与磨难能力培养的问题有哪些？

## 如何做更好的家长

◎收起你的懦弱，摆出你的姿态，培养孩子吃苦与磨难能力，要大胆地让孩子为过失埋单，不要打击孩子的积极性！

◎就算周边的人（含家庭成员）都否定孩子，你也要相信孩子，不要管别人的看法。

◎很多事是尊重出来的，要相信，世上本没有做不到的事，只有不尊重人，才适得其反。

◎不管孩子如何，都可能不被欣赏，总有人认为他不够好，不管别人怎么看，你都不能不注意培养孩子的吃苦能力！

## “管理好自己”思考题

【反向思维】

◎吃苦与磨难能力培养没有用，孩子就是不愿意学习！

◎吃苦与磨难能力培养孩子到位了，孩子还是不好好学！

◎对孩子吃苦与磨难能力培养不到位，反而被别人瞧不起！

【正向思维】

◎吃苦与磨难能力培养之后，家庭和睦了！

◎吃苦与磨难能力培养之后，孩子的能力提高了！

◎吃苦与磨难能力培养之后，父母与孩子相处更融洽了！

◎吃苦与磨难能力培养之后，与孩子的误会没有了！

## 与心对话

每日一问：

家庭生活中总有一些磕磕绊绊，很多事情都需要对孩子进行吃苦与磨难能力培养，你面对这些问题是怎么解决的？你身边的家庭又是怎么处理的？

请将在家里看到的记录下来：

陶行知说：要解放孩子的头脑、双手、脚、空间、时间，使他们充分得到自由的生活，从自由的生活中得到真正的教育。

# 要让孩子充满爱心

- 陶行知经典故事
- 不要错失建立亲情的时机
- 父母要向孩子学习
- 要培养孩子爱己爱人的能力
- 要培养孩子的情感价值

## 陶行知经典故事

陶行知先生当校长的时候，有一天看到一位男生用砖头砸同学，便将其制止并叫他到校长办公室去。当陶校长回到办公室时，男孩已经等在那里了。陶行知掏出一颗糖给这位同学："这是奖励你的，因为你比我先到办公室。"

接着他又掏出一颗糖，说："这也是给你的，我不让你打同学，你立即住手了，说明你尊重我。"男孩将信将疑地接过第二颗糖，陶先生又说道："据我了解，你打同学是因为他欺负女生，说明你很有正义感，我再奖励你一颗糖。"

这时，男孩感动得哭了，说："校长，我错了，同学再不对，我也不能采取这种方式。"陶先生于是又掏出一颗糖："你已认错了，我再奖励你一块。我的糖发完了，我们的谈话也结束了。"

## 不要错失建立亲情的时机

一些年轻的妈妈因醉心于自己的学习与工作，把孩子托付给爷爷、奶奶，姥爷、姥姥或远方的亲人照料，一托就是几年。

由于隔代教育，孩子很容易踏入"娇生惯养"的误区。

将孩子托付给老人的教育，老人们往往会用物质满足来代替对孩子的教育。尤其是随着经济条件的改善，爷爷奶奶对孩子们的生活需要总是无条件地满足，甚至明知孩子的要求是无理的，也不加以阻止。他们喜欢回忆自己童年时代的苦难，加倍向孩子倾注关爱之情。这种满足，会导致孩子缺乏独立生活、接受挫折的能力，将来走出社会，经受风雨的能力也随之降低。

从育子观念上，老人总认为骄横泼辣的孩子将来不受人欺负，对孩子过于偏袒，迁就和溺爱，不分是非曲直。

在教育方法上，老人往往不愿意给孩子讲道理或者就是唠叨不休，总愿意包揽家务劳动，使孩子失去锻炼的机会。有些老人连孩子吃饭都要亲自喂，唯恐孩子吃不饱，他们认为这是天经地义的事。这样的娇生惯养，使孩子养成懒惰的习惯，将来会四体不勤，五谷不分，缺乏吃苦耐劳的精神，产生严重的依赖思想。

总之，要孩子健康地成长，首先是给予孩子更多的锻炼机会，让他们自己的事情自己做，充分发挥其聪明才智，不要凡事大人一手包揽。

其次，要克服偏袒行为，分清是非曲直。现在的孩子好动，易惹祸，发生了矛盾纠纷，长辈要调查研究，分清发生问题的责任界限。小孩子往往是纯真的，只要你分清了是非，他们就肯说真话。掌握实情后，才能有的放矢，处事得当。

再次，要正确全面评价孩子。对其优点，要给予充分肯定，对其缺点，多指导改正克服的方法，要不厌其烦，耐心细致，具体问题具体分析，不能泛泛而谈，牵一发而动全身。

最后，要创造和谐的家庭气氛。鼓励孩子利用电话和书信与父母联系和沟通，在教育孩子上，隔代长辈要和孩子父母保持一个腔调，对于孩子的情况，远在外地的父母不能偏听偏信，使两代人产生隔阂，从而影响对孩子的教育。

【案例1】

一位学校同窗好友曾经有过这样的经历：她从小就寄养在农村舅父舅妈身边，十多岁才回到妈妈的身边，这时候的母亲在感情上已经无法接受自己的亲生骨肉。在自己身边长大的孩子咋看咋是，寄养在外、多年归来的孩子却咋看咋不顺眼，于是对孩子横挑鼻子竖挑眼。

孩子无法承受母亲的不公正，宁愿放弃了上海户口，再次回到农村舅父舅母那里，快活地生活去了。多少年过去了，这位母亲在行将就木的时候，总觉得亏待了这个孩子，用电报把孩子催回到自己身边，紧紧握住女儿的手，老泪横流，千忏万悔。母亲说："对不起，我亲爱的孩子，千万记着，你若有了孩子，再苦再累再难也要自己带，要不，亲娘也不亲了。"

【分析】

孩子在婴儿期是依赖性最强的时期，这个时期生成的感情关乎孩子的一生一世。等到孩子长大再接到身边来，已经晚了，孩子已经和妈妈形同路人，很难融洽地相处，以至多少年都不能扭转这个局面。孩子总是以一种怯生生的、不信任的目光看着妈妈，这种心态延伸到社会，会小心翼翼、谨小慎微地做人，扼杀他的创造力，影响孩子人生观的正确形成，从而贻误孩子的一生。

【案例2】

我的一位同事事业有成、夫妻恩爱，然而她却总是闷闷不乐、心事重重的样子。大惑不解中我关切地询问，她才道出其中的苦衷。她20岁的女儿，从小是随外祖母长大的，直到9岁才回到妈妈身边。孩子回家后的五六年时间居然没有叫过一声“爸爸妈妈”，有时候两三个月不和妈妈说一句话。同事的母亲偶尔来家小住几日，女儿就像换了一个孩子。她下班回家时，听见门里的女儿和她的外祖母有说有笑，房门一打开，孩子的嘴立刻像贴了封条不吭一声。无论妈妈怎样亲近她、关心她乃至娇她宠她，硬是暖不热孩子的心。母亲几乎有些“黔驴技穷”了。她说虽是亲生骨肉，却完全是后娘对待孩子的那份尴尬和无奈。孩子在家里生活得很拘谨，很不开心，已经很令同事头疼，更要命的是女儿在外头性格孤僻，沉默寡言，不善与人相处，这使同事格外忧心。

【分析】

事实上，孩子在很小的时候离开妈妈的事情是很难避免的，生活中这样的例子比比皆是。如果这一问题处理得好，会是另一番情景。父母一定要让孩子感觉到是爱他们的，这样才能心灵链接起来，沟通起来，不会心生嫌隙，自然就会愿意与人相处。

认知：

理解：

| 做件什么事 | 怎么做的 | 做中的感悟 |
| --- | --- | --- |
| | | |
| | | |
| | | |
| | | |

准备：

学会做：

## 父母要向孩子学习

父母要向孩子学习，向晚辈学习，少一点迂腐，多一点率真；少一点惰性，多一点进取。

让孩子做自己的老师，他们打小做事有板有眼，做什么事就一定能做成，尤其是有毅力，不是只有三分钟热度尔后便没有下文的父母，确实是一面活生生的镜子，是一种无声胜有声的教育。

学别人之长而长，学别人之优而优，必有一番大的长进。向自己的优点学习，以强化自己的优势，克服自身的不足，用自己的优点慢慢地吃掉自己的缺点，使自己更加强大起来。

一个没有榜样的人，活着是盲从的、无望的；路再难，心再苦，只要心中有老师，这日子总能过得去。孩子是父母最好的老师；孩子，犹如父母生命的根，头顶上一轮照耀自己前进的太阳，有了他，就可以迷途知返，可以心明眼亮，可以力大无穷，可以所向无敌。

【案例1】

9岁的女儿居然利用一中午时间给爷爷、大爷、大舅写了三封信，没有谁要求她，那一天对我震撼太大了！我一下子悟出：只要有开始，就能走下去；只要做起来，就会有收获。有了孩子的督促，我才拉开读书写作这张“弓”，取得后来的小小创作成果，否则这辈子惨淡了，我永远感激我的孩子。

【分析】

父母要多向孩子学习，学习他们的率真。父母在向孩子学习的过程中，就是理解孩子、了解孩子的过程，也许在这个过程中，才能学会更好地教育孩子。许多人发现，要培养孩子成长，自己就要多读书，就要不断改进自己。只有父母成长了，孩子才能有更好的垫脚石，有更好的榜样。如果父母不爱学习，不谦虚，迂腐，那么就会被孩子看不起，也会让孩子觉得学习没有什么吸引力，没有什么价值。

【案例2】

历史上的项羽“其兴也勃其亡也忽”。他有很多长处：不守常规，善出奇兵，敢冒风险，颇有决断，他身先士卒，有万夫不当之勇……可是他的骄傲自大发展到不能容忍他人的地步：曾是他部属的范增、萧何、张良、韩信一个个弃他而去，掉转枪口一致反对他，最后将他消灭于垓下，使他成为孤魂野鬼。

项羽败就败在始终不克服自己骄傲自负、目空一切的缺点，而让自己的缺点盖过了自己的优点，最终自己杀掉自己，这个历史的教训必须记取！

【分析】

骄傲自负、目空一切，缺乏心胸，让人失去了视野，也就失去了决策的能力，自然就没有格局，格局小的人，能力大不了，格局大的人才能成其大。案例中像项羽这样的人物，也不能骄傲，因此，谦虚谨慎、放大格局才能让我们不断学习，依靠学习走向远方。

认知：

理解：

| 做件什么事 | 怎么做的 | 做中的感悟 |
| --- | --- | --- |
| | | |
| | | |
| | | |

准备：

学会做：

## 要培养孩子爱己爱人的能力

所谓爱心，是指同情怜悯之心态（有时还包括相应的一定行动）。当对象为人类时，往往与“友爱”或“同情”相对应，指超阶级的或超国界的、基于彼此都是人类这一认识的同情怜悯。当对象为非人类时，则往往基于彼此都是动物或生命这一认识的同情怜悯。爱心是对幼者无怨无悔的教化，虽愚钝无知而不舍；爱心是对爱人无我无私的忠贞，任山崩海枯而不绝；爱心是对长辈无日无夜地关怀，虽贫病交加而不弃；爱心是对祖国无边无际的眷恋，任颠沛流离而不忘。

父母要尊重孩子的差异化，真正理解孩子，培养孩子爱己爱人的能力。

随着社会的进步，科技、文明的不断发展，当孩子意识到自己所处的时代跟父母所处在的时代不一样了，孩子的格局就已经开始出现。

父母对人生的理解，传递给孩子的信息是否在前进、发展，就是父母的格局。

在父母的教育里面，并不简单地划分为“母亲应该做什么”“父亲应该做什么”，而是父母应该共同完成对孩子的教育。

这些教育包括哪些内容呢？人生幸不幸福，人们总是这样关注：孩子有什么社会地位、读什么学校专业、做什么工作，而忽略了情感教育的价值。

实际上，应当注重培养一个人爱己、爱人的能力。假设一个孩子在成长的过程中情感价值没有被培养好，社会价值也可能培养不好。

一个孩子从小没有办法学会爱自己爱别人，不被别人所爱，一旦这个孩子社会价值过度发展，他可能会利用手中权力，去做迫害社会的事情。

【案例1】

三国时期有个人叫陆绩，他特别孝顺父母。6岁那年，一次他到袁术家里做客，袁术命人取出蜜橘招待他。但他没吃，而是悄悄藏在怀里。后来他向袁术行礼告辞，叩头的时候，怀里滚出三个蜜橘来。袁术大笑道："你吃了不够，还要拿呀？"他回答说："我没见过这么好的蜜橘，舍不得吃，想拿给母亲尝尝。"袁术听了大为惊讶，心想一个6岁孩儿便懂得克制自己，孝敬长辈，实在难能可贵。他感叹道："小陆郎有这样的品德，来日必成为报效国家的栋梁！"的确，据有关历史记载，陆绩长大后对国家的贡献相当大。

【分析】

爱父母的孩子从小心中便装着父母。与父母心灵相通，心心相印，不论走到哪里都会心里念着父母。这是为人之子最核心的情感也是最关键的品质，有了这层与父母链接的心灵能力和感情能力，就能与朋友、与社会进行链接，未来才能成才为社会奉献。所以孝顺的孩子，爱父母的孩子，都是容易成才的孩子。作为父母，也应该培养孩子对自己的爱，跟孩子建立起心心相印的感情。不打骂孩子，不对长辈恶言相向，承担孝顺长辈的责任，这样才能为孩子的成长做出榜样。

【案例2】

一个风景迷人的度假村里，有只石狮，还有一条用石头铺成的路。

一天石头就对石狮说：为什么我们都是从一个大山里出来的，可我们的命运却有如此大的区别呢？你看你庄严威武，每天都有许多游客与你合影留念，而我呢？却整天被人在踩在脚下，默默无名。我每天都以泪洗脸，非常苦恼，这到底是为什么？

石狮说：是啊！想当年我们都是同一个大山里的，可你有没有想过当年我们所承受的痛苦不同呢？你当时因为承受不住钻机往你身上钻的痛苦，一钻你就崩开了。而我呢？无论风吹雨打，还是钻机怎么往我身上钻都好，我都不开一条缝。当时我真的要疯掉了，但我还是承受住了。再由石匠师傅在我身上慢慢地、细细地雕琢，才有了今天啊！石头无语，在原来的角落里低着头。石狮呢？还是庄严威武着。

【分析】

石狮的成长是在磨难中成长起来的，石头经受不了磨难，自然就平庸了。成长的过程中是对自己的“爱”，也要看到自己对社会的价值，才能忍受生活的磨难。培养孩子爱己爱人的能力就是要培养孩子经受生活的苦难，能吃生活的苦，才是真正的爱自己；能提升自己的能力才是真的爱社会。所谓在未来遇到优秀的自己，就是在时间的长河中，用奋斗和汗水浇灌成长之路。

认知：

理解：

| 做件什么事 | 怎么做的 | 做中的感悟 |
|---|---|---|
| | | |
| | | |
| | | |

准备：

学会做：

## 要培养孩子的情感价值

在情感价值里，怎样做到爱人爱己，让孩子成为真正的自己？从情感角度来说，第一个核心的要素就是孩子需要的爱、安全和自由。父母要做到给孩子一个有爱、安全和自由的空间。

父母和孩子的问题往往出在对事情的理解上，父母总认为一个东西很好，就替孩子认为他一定很喜欢。

这个问题的焦点就出在父母总认为自己是家长，孩子是家庭成员，一切都得按"家长"的意见办，这种观念带来的后果，只能是父母打着爱孩子的幌子，做着伤害孩子的事。有时父母就很难被孩子理解，也极有可能出现不被从内心里尊重等，此类状况越到后期越困难，从而，出现恶性循环。

比如说：孩子回到家里，不抓紧做作业，不好好吃饭等，作为父母应该怎么办呢？我们首先考虑的应该是：孩子写作业拖拉，这个问题到底出在哪里？

此时的父母一定要耐心、陪伴、协助孩子纠正习惯，然后，父母需要认真回忆，孩子出现这种情况的起因到底在哪里？这是找到解决问题的关键，因为，一般这种问题的起因，往往不在孩子身上。前面我们讲过“父母的行为对孩子的影响”，父母好的行为影响了孩子，使孩子越来越好，那么，不好的行为是否也影响了孩子呢？

所以，此时的父母绝不可一味责骂、强迫孩子，这样一来，孩子的问题只能会越来越严重。

这里给父母提出了一个很现实的要求，有必要再重复一遍：“父母的行为一定要成为孩子的楷模。”

【案例】

中国教育界有一个提法叫“赏识教育”。什么是真正的赏识教育呢？孩子一回家就说“你很棒”，却没有理由，孩子肯定感到很诧异，觉得家长很虚伪。家长在表扬孩子的时候，说的必须是具体的东西，让孩子知道自己哪里做得好，否则表扬就没有任何效果。“我们家长作为成年人，如果路上老板一个劲地说你很棒，我们也不太理解。但如果老板说，你这个计划做得非常详细、表达非常完整、文笔不错，你才会感觉到被欣赏。”

【分析】

“赏识教育”是肯定孩子，欣赏孩子，但肯定孩子和欣赏孩子要避免两种情况：一种是虚假的、形式上的肯定；一种是肯定和欣赏过度，导致孩子骄傲自满，自以为是。要正确培养孩子自我认知，就要谨慎地赏识教育，不能一味赏识，简单赏识，字面意思理解赏识教育。真正的赏识教育是帮助孩子形成正确的自我认知，培养他的自信心，建立良好的人生目标（图6）。

认知：

理解：

| 做件什么事 | 怎么做的 | 做中的感悟 |
| --- | --- | --- |
| | | |
| | | |
| | | |

准备：

学会做：

## 本章复盘

### ◎ 小问题

回答下面的问题，帮助你理解充满爱的教育在家庭教育中的必要性。

1.充满爱的教育的目的是什么？

2.充满爱的教育首先要做到什么？

3.充满爱的教育的步骤是什么？

4.充满爱的教育有哪些要注意的环节？

5.充满爱的教育有什么效果和表现？

6.充满爱的教育和掌握知识应该如何区别？

7.充满爱的教育的方式不同，效果有什么不一样？

8.生活中充满爱的教育问题有哪些？

如何做更好的家长

◎收起你的懦弱，摆出你的姿态，培养孩子爱的能力，要大胆地让孩子去爱，不要打击孩子的积极性！

◎就算周边的人（含家庭成员）都否定孩子，你也要相信孩子，不要管别人的看法。很多事是尊重出来的，要相信，世上本没有做不到的事，只有不尊重人，才适得其反。

◎不管孩子如何，都可能不被欣赏，总有人认为他不够好，不管别人怎么看，你都不能不注意培养孩子的爱的能力！

“管理好自己”思考题

【反向思维】

◎充满爱的教育没有用，孩子就是不愿意学习！

◎充满爱的教育孩子到位了，孩子还是不好好学！

◎对孩子充满爱的教育不到位，反而被别人瞧不起！

【正向思维】

◎充满爱的教育之后，家庭和睦了！

◎充满爱的教育之后，孩子的能力提高了！

◎充满爱的教育之后，父母与孩子相处更融洽了！

◎充满爱的教育之后，父母与孩子的误会没有了！

与心对话

每日一问：

家庭生活中总有一些磕磕绊绊，很多事情都需要对孩子进行充满爱的教育，你面对这些问题是怎么解决的？你身边的家庭又是怎么处理的？

请将在家里看到的记录下来：

# 参考文献


[1]迈克尔·W.阿普尔.意识形态与课程[M].黄忠敬译.上海:华东师范出版社,2001.

[2]PIERRE B,JEAN-CLAUDE P. Reproduction in education, society and culture[M]. London,Eng:Sage Publications Ltd.1990.

[3]保罗·弗雷尔.被压迫者教育学[M].顾建新,赵友华,何曙荣译. 上海:华东师范大学出版社,2001.

[4]JEAN J. Studies in Socialism[M]. New York:Wentworth Press,2019.

[5]陶行知.陶行知全集[M].成都:四川教育出版社,2005.

[6]陶行知.中国教育改造[M].上海:上海亚东图书馆,1928.

[7]徐德春.做学教ABC[M].上海:上海世界书局,1929.

[8]陶行知.中国大众教育问题[M].上海:上海大众文化社,1936.

[9]陶行知.行知书信[M].上海:上海亚东图书馆,1929.

[10]陶行知.行知诗歌集[M].上海:上海儿童书局,1933.

[11]陶行知.行知诗歌前集[M].上海:上海儿童书局,1935.

[12]陶行知.行知诗歌三集[M].上海:上海儿童书局,1936.

[13]陈青之.中国教育史[M].北京:中国社会科学出版社,2009.

[14]孙培青,杜成宪.中国教育史[M].3版. 上海:华东师范大学出版社,2008.

[15]王陆.虚拟学习社区原理与应用[M].北京:高等教育出版社,2004.

[16]莱斯利 · P.斯特弗. 教育中的建构主义[M].高文译.上海:华东师范大学出版社,2002.

[17]日本筑波大学教育学研究会.现代教育学基础[M].钟启泉,译.上海:上海教育出版社,2003.

[18]ROBERT M G,WALTER W W,KATHARINE G,et al. 教学设计原理[M].王小明,庞维国,陈保华等译.上海:华东师范大学出版社,2007.

[19]周文彪.生活创新教育[M].北京:新世界出版社,2013.

[20]侯怀银,张宏波.社会教育解读[J].教育学报,2007:3-8.